布币，春秋战国时期主要流通于三晋地区的货币，形状似铲，由古代农具钱（jiǎn）和镈（bó）演变而来

齐刀，春秋战国时期齐国流通的货币，仿照环首小刀铸造而成，正面、背面皆有文字或装饰纹。根据其背面所铸文字的字数，可分为三字刀、四字刀、五字刀、六字刀

蚁鼻钱，战国时期楚国流通的一种小铜币，形状似海贝，上有阴刻钱文和穿孔

秦半两，秦始皇统一六国后，废止了战国后期各国的旧钱，在战国秦半两钱的基础上确立了全国统一的货币。钱币外圆内方，相传钱文"半两"二字是丞相李斯书写的

五铢钱,最早发行于汉武帝元狩五年(公元前118年),五铢钱以"长寿"闻名钱币界,汉以后至隋代都通行,前后流通长达739年

王莽进行第一次货币改革时发行的一刀平五千和契刀五百。契刀五百的钱文为阳刻，一刀平五千上的"一刀"二字为阴刻，然后再用黄金错镂而成

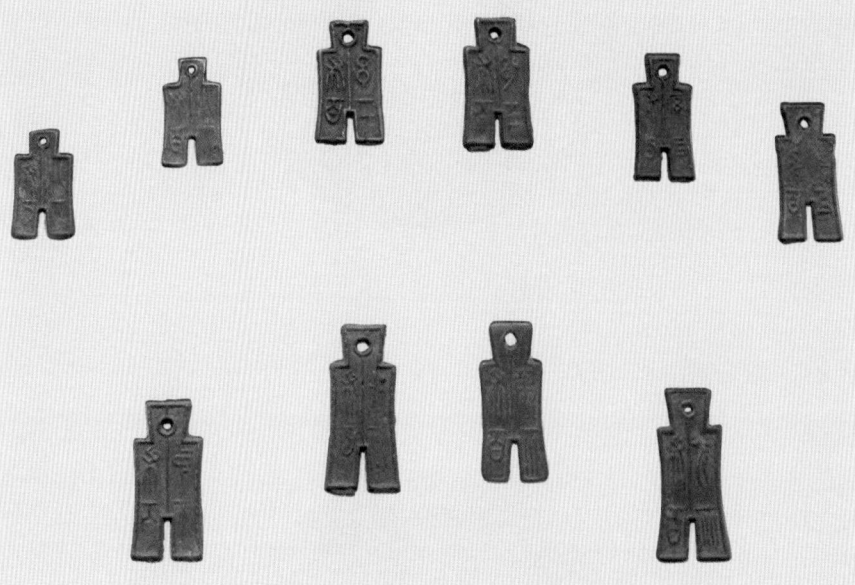

王莽第四次货币改革时发行的布币，共有十种，均为法定货币，也被称为"王莽十布"。王莽一共进行了四次货币改革，发行了多种多样的货币

开元通宝,从唐高祖武德四年(公元621年)开始发行,钱文"开元通宝"四字是由书法家欧阳询书写的

乾元重宝,从唐肃宗乾元元年(公元758年)开始发行,比开元通宝更大、更重,故百姓也称其为"乾元大钱"

大观通宝,从宋徽宗大观元年(公元1107年)开始发行,钱文"大观通宝"四字是由宋徽宗亲自书写的

洪武通宝,从明太祖洪武元年(公元1368年)开始发行,沿袭了朱元璋未称帝之时铸造的大中通宝的形制,分为五等——小平、折二、折三、折五和当十

顺治通宝，发行于清世祖顺治年间（公元1644—1661年），主要为小平钱，少数为折二、折十大钱，按背文变化和铸行阶段可以分为五式

乾隆通宝，发行于清高宗乾隆年间（公元1736—1795年），版别非常多，币种、形状、大小等都发生过数次变化

古希腊的亚历山大大帝公羊角头像银币,由亚历山大手下大将利西马科斯发行,打造时间约为公元前305年到公元前281年,钱币正面是亚历山大大帝的头像,背面的主体图案是倚靠着盾牌的雅典娜,图案左右两侧有铭文

古波斯的大流克金币，从公元前522年开始发行，钱币正面的图案是一个头戴王冠、单腿跪地的弓箭手，背面是一个长方形的戳印，没有铭文

弗罗林金币,发行于公元1252年,诞生于神圣罗马帝国的一个自由城市——佛罗伦萨。钱币正面的主体图案是鸢尾花饰,背面的主体图案是施洗约翰像,两面皆有铭文

拿破仑金币，发行于1865年，由法兰西第二帝国的开创者拿破仑三世主持发行，曾经担任了西欧主要流通货币的角色

墨西哥鹰洋,从公元1823年开始发行,是墨西哥摆脱殖民统治之后使用的新铸币。钱币正面的主体图案为一只叼着蛇的鹰,背面的主体图案是一项自由帽,两面皆有铭文

玛丽亚·特蕾莎·泰勒银币，首次铸造于公元1751年，钱币正面的主体图案是玛丽亚·特蕾莎女王右侧面的肖像，背面的主体图案是皇冠双头鹰标志，两面皆有铭文

货币如何塑造我们的世界

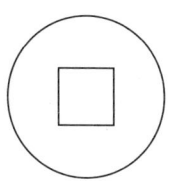

一部全新的
世界经济史

王丹
著

天地出版社 | TIANDI PRESS

图书在版编目（CIP）数据

货币如何塑造我们的世界：一部全新的世界经济史 / 王丹著. —成都：天地出版社，2022.9
ISBN 978-7-5455-6786-1

Ⅰ.①货… Ⅱ.①王… Ⅲ.①货币史—世界 Ⅳ.①F821.9

中国版本图书馆CIP数据核字（2021）第264621号

HUOBI RUHE SUZAO WOMEN DE SHIJIE：YI BU QUANXIN DE SHIJIE JINGJISHI
货币如何塑造我们的世界：一部全新的世界经济史

出 品 人	陈小雨　杨　政
作　　者	王　丹
责任编辑	郭　明
责任校对	杨金原
装帧设计	左左工作室

出版发行	天地出版社 （成都市锦江区三色路238号　邮政编码：610023） （北京市方庄芳群园3区3号　邮政编码：100078）
网　　址	http://www.tiandiph.com
电子邮箱	tianditg@163.com
经　　销	新华文轩出版传媒股份有限公司

印　　刷	天津融正印刷有限公司
版　　次	2022年9月第1版
印　　次	2022年9月第1次印刷
开　　本	880mm×1230mm　1/32
印　　张	10
彩　　插	16P
字　　数	215千字
定　　价	58.00元
书　　号	ISBN 978-7-5455-6786-1

版权所有◆违者必究

咨询电话：（028）86361282（总编室）
购书热线：（010）67693207（营销中心）

如有印装错误，请与本社联系调换。

自　序
从聊钱到聊经济：方寸钱币背后的乾坤

说到钱，人人都熟悉，人人都需要。人们的日常生活离不开钱，吃饭需要用钱，坐车需要用钱，购物更得用钱，穷了想挣钱，富了想花钱。钱币，或者说货币，是人类的一项重大发明。

人之所以为人，并不是依靠任何外观或血统上的判断，而是因为人类有着与其他动物截然不同的行为上的现代性。在旧石器时代，智人的大脑就能够进行抽象思维，交易行为在这个时候开始出现。随着文明的发展，人类学会了分析现象、提炼理论、构造概念、使用符号。货币这种用来购买所需、保存财富的媒介，也就因人们交易行为的需要而产生了。

几千年来，钱一直是社会话题的中心，中外思想家和文学家对钱都有自己的看法。孔子说过："君子爱财，取之有道。"俄国的托尔斯泰说过："没有钱是悲哀的事，但钱多了则更加悲哀。"英国的王尔德说过："年轻的时候，我们不懂事，以为钱很重要，等长大以后，我们才终于发现，钱真的很重要。"

在当今社会，随着科学技术的日新月异，在大多数时候，钱被扁平化了，变成了一个符号，一个数字，一个缩影，折射出我们作为凡人最原始的期待。那么，钱的意义仅限于此吗？一枚枚钱币的背后反映出怎样的国家变迁和世界发展呢？我想通过这本书跟大家聊一聊与钱有关的一切。

1991年，我毕业于复旦大学文物鉴定与博物馆学专业，进入中国人民银行总行直属的中国钱币博物馆工作，从此，和钱币结缘，当上了"过手财神"。面对着琳琅满目的各朝各代钱币，我也曾乐在其中，感慨钱币文化的博大精深。但四五年之后，我有些坐不住了。与其他艺术品、文物相比，钱币体积小，上面的文字少，携带的信息量有限，既不像书卷画轴蕴含着文人风骨，也没有金石、陶瓷的厚重瑰丽，我隐隐地感觉到自己的研究进入了瓶颈。

这时，一个转折点出现了。1996年，我有幸去大英博物馆币章部工作，担任丝绸之路钱币研究员。在这之前，我也时常接触外国钱币，但在大英博物馆币章部，我才真正从中国钱币的江河，游进了世界钱币的大海。这时候，我才深刻地意识到，什么叫"方寸之间，乾坤世界"。

钱币，是能让人见微知著的东西，最能体现以小见大的意义。从个人角度，看一个人如何挣钱、如何花钱，就能大概推断出这个人才学修养的高低。从宏观角度，钱币甚至可以反映一个国家的概貌。例如，在1世纪至3世纪的中亚地区，曾存在一个强大的古国——贵霜帝国，关于贵霜的文献史料极少，我们很难去揭开它的神秘面纱。在这种情况下，贵霜钱币几乎是唯一的救命稻草，钱币学者就是凭借对贵霜钱币的潜心研究和考证，复原了贵霜帝国的历史、文化、政治、经济情况，甚至贵霜帝国的疆域，也是通过钱币研究得出的结论。

通过钱币的外形设计，我们可以了解一个民族的历史文化和审美情趣；通过钱币的铸造或印刷水准，我们可以认识一个国家的工业实力。钱币与其他文物还有一处最大的不同，就是钱币的发行是一种国家行为，它拥有国家权力背书，有一般等价物的流通职能，它和一个国家的民生经济紧密关联。

于是，我萌生出一个想法：把古今中外的一枚枚钱币，按照时间和空间的顺序排列，以钱币为中心点向外逐步延伸拓展，去发现历史，观照古今，用钱币来对比中国和世界，用钱币来呼应宏观和微观，用钱币梳理出经济发展的脉络。

关于这本书，我有以下三个大的思路。

首先，我的讲述一定要接地气，要有根。

我将从人们的日常生活或者当下的热点时事去展开，避免堆砌一些晦涩词汇和枯燥的专业知识，以生活中的一些小细节为切入点去讲述一枚枚钱币的铸造工艺，再跟随它们的演变，逐步去了解他们所处的历史时期的社会经济发展历程。

比如，通过前两年很火的电视剧《长安十二时辰》来讲一讲唐朝的货币。故事中的长安危机，发生在唐朝国力由盛转衰的时间点上，在开元通宝的演变史上，我们也能明显地看出这一端倪。天宝末年，安史之乱爆发，唐朝国力开始走下坡路，国家的财力物力不允许铸造之前的那种精美的"盛唐开元"了。这之后铸造的"中唐开元"和"晚唐开元"，工艺越来越粗糙，重量也越来越轻。就这样，以电视剧为出发点，讲述钱币的铸造工艺，并展开它所处的历史时期，再跟随它的演变，逐步去了解这个朝代的社会经济发展历程。

其次，我希望能用纵向时间轴上的一枚枚钱币，为读者厘清中国经济史的基本脉络。

我挑选出了一些最具代表性的钱币，按照中国历史的时间顺序，分六章为大家讲述。这些钱币中，有世界上最早的金属货币——商铜贝，通过它我将为大家讲述中国经济是怎么开端的；有通行时间最长的五铢钱，借助它，大家可以梦回汉朝，重览"富商大贾周流天下"的汉兴时代；还有开元通宝、交子、大明宝钞等，我将通过这些钱币，和大家一起去感受唐朝的恢宏、宋朝的文静、明朝的硝烟。

最后，我还将带领大家去了解世界货币和世界经济的风云变幻，用更宏观的视角横向去比较，以达到"他山之石，可以攻玉"的目的。

我在每章都会介绍与中国同时期的世界货币。这条线会从西方货币的鼻祖——古吕底亚钱币开始，对比它与中国第一枚金属货币商铜贝的命运；也会借着亚历山大大帝银币，看看在中国的春秋战国时期，古希腊的经济正在发生着怎样的变革；还有日本的和同开珎，通过它我将为大家讲述在大唐文明光芒之下，日本的钱制与经济是怎样的。最后,看一看美元这个钱币界的新手如何一跃成为首屈一指的国际货币。这些叱咤风云的世界钱币,将会为中国的货币及经济发展提供平行参照,为大家提供一个更开阔、更多元的视角。

让我们一起走进一枚枚钱币,了解它们背后的三千年世界经济演进的暗线和逻辑。

目　录

第一章　上古时期的货币诞生与经济萌芽

中国篇 / 002

　　铜贝：最早的金属货币与商人的诞生 / 003

　　齐刀：管仲与"泱泱大国"的货币政策 / 010

　　布币：由"抱布贸丝"讲到货币拜物教 / 016

　　秦半两：秦始皇与他的天下一统 / 022

世界篇 / 028

　　吕底亚钱币：西方货币体系的源头 / 029

　　大流克金币：古波斯的货币元年 / 035

　　亚历山大大帝银币：风云变幻的古希腊 / 042

　　第纳尔银币：罗马的贪婪与盛衰 / 049

第二章　丝绸之路开启的经济大融合

中国篇 / 056

　　五铢钱："富商大贾周流天下"的汉兴时代 / 057

　　王莽钱币：一场儒生的理想主义实验 / 066

　　小钱：货币大混乱的开端 / 073

　　谷帛：乱世求生的艰难经济 / 079

世界篇 / 085

　　贵霜钱币：揭秘丝绸之路上的神奇帝国 / 086

　　萨珊王朝银币：通行东西方的众王之王货币 / 094

　　拜占庭金币：君士坦丁大帝的"形式主义"货币 / 100

　　第纳尔金币：古印度文明的黄金时代 / 106

第三章　隋唐盛世经济的变革与创新

中国篇 / 114

　　隋五铢：隋唐繁盛的序曲和五铢钱的绝响 / 115

　　开元通宝：通宝钱制新纪元背后的暗流涌动 / 122

　　乾元重宝：唐中大钱与安史之乱 / 129

　　飞钱：纸币的雏形，孕育中国最早的金融市场 / 136

世界篇 / 142

　　和同开珎：盛唐影响下的东洋钱制 / 143

德涅尔银币：欧洲中世纪铸币之始 / 149

倭马亚王朝金币：伊斯兰世界的货币始祖 / 156

朝鲜乾元重宝：大唐币制的虔诚信徒 / 162

第四章　风云变幻的宋朝货币经济

中国篇 / 168

宋元通宝：宋代开朝复苏的经济 / 169

大观通宝：除治国外都擅长的宋徽宗 / 174

交子：中国最早的纸币横空出世 / 180

银会子：中国最早的银本位制纸币 / 186

世界篇 / 191

渡来钱：日本的货币"山寨史" / 192

越南丁朝太平兴宝：大宋影响下的东南亚经济 / 198

弗罗林金币：揭秘基督教的第一枚金币 / 203

第五章　明清时代经济的清明与衰败

中国篇 / 210

大明宝钞："明朝那些事儿"的开端 / 211

万历通宝：晚明钱制的风暴即将来临 / 217

顺治通宝：清朝入关的"顺治梦" / 222

乾隆通宝：清朝最后一个辉煌盛世的余光 / 228

世界篇 / 231

拿破仑金币：拿破仑与四国货币同盟 / 232
神圣罗马帝国银币：头戴皇冠双头鹰的腾飞 / 237
泰勒银币：普法战争后的钱币荣光 / 242
莫卧儿金币：印度地区的最后一个黄金时代 / 247
墨西哥鹰洋：墨西哥独立后的首度试飞 / 251

第六章　近现代的货币新征程

中国篇 / 258

"袁大头"银币：北洋政权稳定的真正武器 / 259
工字银元：土地革命时期的铸币与经济 / 264
新疆60亿元纸币：近代史上最严重的通货膨胀 / 270
第一套人民币：新中国的信用与人民的名义 / 275

世界篇 / 280

法郎：一枚名为"自由"的钱币 / 281
欧元：前途无量的货币联盟 / 287
英镑：第二次世界大战之后的降格 / 294
美元：从新面孔迅速成为国际货币 / 299

参考书目 / 305
后　记 / 307

第一章
上古时期的货币诞生与经济萌芽

中国篇

铜贝：最早的金属货币与商人的诞生

万物皆归于本，钱币亦如此。

本书的伊始，从鸿蒙初开的远古时代说起。大约250万年前，最早的人类就已经出现。摸爬滚打200多万年之后，人类终于和茹毛饮血的日子说了再见。随着生产力的提升，有了剩余产品，人们一点点学会了你来我往的物物交换。在物物交换进行了一段时间之后，货币诞生了，人类的经济史迎来了第一个高光时刻。在本书第一章的中国篇里，我将给大家讲述上古时期自夏商周到秦始皇一统天下的这段时间内，有关货币的故事。

说到古代中国的钱币，人们的第一印象，不是外圆内方，刻着某某通宝、某某元宝的小铜钱，就是从袖口里随手掏出来的一把碎银子，或者是八仙桌上堆成小山的金锭、银锭。在本节中，我将要介绍的是这些金属货币的"先祖"，中国第一枚金属货币——商代的铜贝。

铜贝最早铸造于公元前11世纪的商代晚期和西周早期，比一度被认为是世界上最早的金属铸币——小亚细亚的吕底亚钱币，还要早几个世纪。因此，商代铜贝可以当之无愧地被称为"人类最早的金属铸币"。吕底亚钱币我们在后文中也会讲到，那是另一段波谲云诡的故事。

铜贝，顾名思义，是仿照贝壳铸造而成的一种铜质货币，最具代表性的就是它正面中间有一道贝齿。按其表面有无文字，可以分为有文铜贝和无文铜贝。

为什么中国人第一次铸造金属货币，要仿照贝壳的形状呢？这还要追溯到金属货币诞生之前。

在更早的时候，货币家族的成员都来自自然界，有贝壳、龟壳、兽皮等。其中，考古界公认的中国最早的货币是贝壳，也就是海贝。距今7000至5000年的仰韶文化遗址就曾出土过海贝。这些海贝色泽光洁，坚硬耐磨，体积不大，便于携带。海贝在当时的内陆地区十分珍稀，很难得，特别适合充当商品交换的媒介。所以，当时的人就把海贝当成一般等价物，也就是货币来使用。

海贝是钱币家族中的长寿老人，在中国古代流通时间相当长。在汉字里，与钱币、价值有关的字，大多用"贝"作偏旁部首，比如信贷的"贷"字、发财的"财"字、贡献的"贡"字等。从这一点也能证明，贝壳在人们心中已经和钱币画等号了。

后来，人们制造货币都仿照贝壳的形状，有用石头制成的石贝，有用动物骨骼制成的骨贝，有用玉石制成的玉贝，等等。铜贝作为中国历史上第一枚金属货币，自然而然地继承了贝壳的形貌。

比起石贝、骨贝等手工打磨的贝币，金属铸币要复杂得多。那么，铜贝是如何诞生的？它是如何成为钱币家族的新掌门的呢？这要从商朝的历史说起。

提到商朝，很多人会想到妲己、商纣王、武王伐纣等。商朝存在了500多年，是中国历史上第一个有直接的同时期文字记载的王朝。占卜、巫术、甲骨文、青铜器等都是商朝独特的文化标志。除此之外，你有没有注意过一个词——商人？"商人"和"商朝"里都有一个"商"字，这仅仅是一个巧合吗？当然不是。

中国历史上有文字记载的第一个商人叫王亥，他是夏朝时期商国的第七任君主。王亥在商丘驯服了牛马，发展生产，还发明了牛车。有时候，王亥就驾着牛车、拉着货物跑到黄河北岸，和其他部落做生意，并由此发迹。这样，"商人"的称呼才和贸易联系到了一起。商品、商店、商业这些词也随之产生。

在王亥的带领下，商国人普遍善于经商。贸易的发达，让商国的国力逐渐增强，并最终在公元前1600年左右消灭了夏，以"商"为国号，建立了新的王朝。

商朝建立之后，人们在黄河流域的肥沃土地上，开始了更大规模的农牧业生产。五谷——稻、黍、稷、麦、菽，六畜——猪、牛、羊、马、鸡、狗，得到了广泛的种植和饲养。围绕着农业生产，天文历法进一步发展完善。农具也得到了"升级"，社会生产力大幅度提升。一部分农民脱离了工业生产，专门从事手工业。而手工业产品大部分都是用来交换的，这就刺激了商业的繁荣，商朝的经济就这样一步步地发展起来了。

据记载，在商朝，我国就已经出现了类似于现在的快递的驲传制度。当时乘车传递的叫"驲"或"传"，乘马传递的叫"递"或"驿"。与现在的快递不同的是，那时候传递的主要是政令、军情。这种官办的邮驿制度经历了后世各个朝代的发展，到清朝中叶才逐渐衰落。

经济的发展导致人们对货币的需求量更大了。到了商朝后期，天然的海贝越来越不够用，人们迫切需要一种东西来代替海贝行使货币的职能。这种东西，必须既容易获得，又方便使用。之前的石贝、骨贝、玉贝等，由于制作过程费时费力，效率不高，已经无法适应经济发展的需要了，于是，可以大规模量产的货币——铜贝，就应运而生了。

那么，这种货币如何生产？使用什么材料生产呢？

众所周知，中国的青铜文化源远流长。早在约5000年前的龙山文化时期，人们就已经可以从矿石当中冶炼出铜，再加入锡或者铅制作青铜器皿了。到了商朝，青铜的冶炼和铸造更是达到了顶峰。

商周时的青铜器数量与种类之多都是空前绝后的。青铜的制造和广泛使用促进了车船制造、金属加工等制造技术和农业、军事及整个经济社会的发展，是人类文明史上的一个里程碑。河南郑州商城、安阳殷墟，以及湖北黄陂盘龙城等地的商代冶铜遗址表明，商代青铜铸造业已经较为成熟。其使用块范法浇铸制作的后母戊鼎、四羊方尊等杰出作品，反映出当时铸造技术已相当发达，这为青铜贝的产生提供了基础条件。考古学家在商朝晚期都城遗址——殷墟，发现了四处铸造青铜的作坊，其中最大的一处面积达到了10000多平方米。

以青铜为核心的类工业化生产，使手工业品和有刚性需求的农产品的产量大增，更具规模的流通需求越来越强烈，用现在的理论去解释就是，实业的繁荣带动了贸易的发展。大规模、大跨度的贸易生发专门的职业群体，在一定范围内、一定程度上，产生了类似金融的需求。于是，铜贝的出现就更加势不可当了。

此外，用青铜铸币还有一个更重要的因素。

前文提到的后母戊鼎、四羊方尊等青铜器珍品，大家一定不陌生。实际上，商朝的青铜器往往与权威和地位相伴，很少用作农具，普通老百姓也很难拥有一件青铜器皿。所谓"国之大事，在祀与戎"，在当时的统治者眼中，只有宗教、政治、军事这样的国家大事才配得上使用青铜。货币是财富的象征，和王权密切相连，当然配得上，也宜使用青铜铸造。只有这样，才能彰显出统治阶层至高无上的地位。

中国钱币的始祖是贝币，贝币方便了商品的交换与流通。但货贝的来源地遥远，其本身须经过贸易交换或贡赋等手段获得，致使出现了货贝供不应求的局面。商代晚期，日渐成熟的青铜冶炼技术为铜贝的大量生产提供了坚实的基础。于是，在经济发展的催化之下，在发达的青铜冶炼业的支持之下，在王权思想的控制之下，铜贝顺理成章地登上了历史舞台。

铜贝行使着货币的职能，促进商业进一步发展，私有制越来越明显。与此同时，商王在政治上越来越集权，他的权力越来大。从积极意义上说，这有利于建立完善的职官制度、组织大型的社会生产、扩大与周边的交流等。但是，过犹不及，王权的一天天膨胀，默默地为商朝敲响了丧钟。

商朝的最后一个帝王——商纣王帝辛，是人人皆知的昏君、暴君。商纣王继位后，到处搜刮美女，这些美女里最有名的就是妲己了。为了享受，商纣王大兴土木，修建各种娱乐场、度假村，甚至搭建了当时全亚洲的最高建筑，超豪华的宫廷娱乐场——鹿台。据说，鹿台方圆三里，高达千尺。商纣王荒淫无度，为了满足自己的私欲，不断地加重赋税。大臣们心里不乐意，老百姓更是敢怒不敢言。就这样，王权的强度超出了社会允许的范围。商纣王的暴虐与昏庸严重阻碍了经济的进步，导致社会矛盾的激化，最终导致商王朝走向了灭亡。

皇皇殷商，成也王权，败也王权，真是造化弄人。而在这背后，铜贝作为重要的巩固王权的货币工具，也起到了至关重要的作用。

如今，铜贝早已被它优秀的子孙后代拍在了沙滩上，结束了它在历史长河中的短暂使命；殷商宏伟的建筑也早已被历史掀起的沙尘所掩埋；青铜业的辉煌盛景也已不再。但是，文明是一株不断攀升的常青藤，当我们站在更高的藤蔓处回望时，一切都会变得清晰起来。

从以物易物的实物交换，到龟甲、海贝等作为一般等价物的出现，显而易见，人类的经世智慧数千年前便已萌芽；从王亥赶着牛车渡河贸易，到商国积蓄力量消灭夏朝，商业的力量逐渐改变着世界的权力结构。

从商朝农牧业的蓬勃发展,到青铜冶炼技术的大大提升,我们可以知道,农业对手工业的滋养正是中国经济的早期形态。

改革开放40多年来,中国人民对于货币的关注和认识都上了一个新台阶,再回望几千年前的商朝,从那个比西方提早数百年诞生金属货币的时期起,其实中国人一直带着"商人"的基因,懂得以物易物不是长久之计,只有发行货币,发展金融,才是经济长足进步的源动力。商铜贝和它背后的商朝,处在中国经济繁荣发端的位置,共同构成了中国货币发展的源流。

齐刀：管仲与"泱泱大国"的货币政策

历史的车轮行至春秋时期，金属货币在贸易活动中所扮演的角色愈发重要，其便利性与优越性亦日益凸显，迅速取代了西周时广泛流通的贝币等各种实用货币。金属铸币在春秋时代形成了数个具有明显特征的钱币体系和货币流通区域，即：黄河中游周、晋的"布币区"，东方齐国滨海地区的"刀币区"，以及南方楚地的"蚁鼻钱区"。到了战国时期，经济日趋繁荣，商品流通日渐顺畅，钱币的使用量也随之激增。上述几个区域逐渐突破了原来的界限，刀币和布币并用的势头在许多国家出现了。

这时候的钱币不再仅仅充当交换的工具了，它开始发挥更大的作用，成为君王治国安邦的关键武器。马克思说过一句话："经济基础决定上层建筑。"春秋战国时，齐国的刀币就是一个绝佳的案例。齐刀，是3000年前的春秋五大强国之一——齐国——繁荣昌盛最直接的见证物。齐刀厚重精美，刀头是尖的，刀背呈弧形，刀刃凹进去，刀的末端有个圆环，正面、背面都有文字或者装饰纹。

齐国位于现在的山东。说到山东，人们通常会想到孔孟之乡、礼仪之邦、英雄豪杰、江湖义气这样的字眼。齐国的刀币给人的感觉，就像一个长身鹤立的侠客，忠义仁厚，热情当中带着直爽，威猛中带着严肃，魁梧又不失亲和。齐刀为齐国的繁荣开辟了一条康庄大道。

齐刀根据背面所铸文字的字数，可分为三字刀、四字刀、五字刀、六字刀等。其中六字刀最少，市场价格最贵，收藏价值最高。齐刀背面所铸的文字一般是"齐之大刀""节墨之大刀""齐建邦长大刀"等，字体是大篆。其中"节墨""齐"都是地名，"节墨"就是现在山东的即墨，"齐"就是齐国的都城临淄。

那么，齐国为什么要把钱币做成刀的形状呢？这跟齐国所处的山东半岛的古东夷的习俗有关。当时，华夏民族的核心地带仅仅局限在今天的河南、河北、山西这片区域，周边的地区都被视为少数民族。东面的叫夷，西面的叫戎，南面的叫蛮，北面的叫狄，就是东夷西戎南蛮北狄，蛮夷之地就泛指华夏以外的地区。东夷的人主要以捕鱼和打猎为生，捕鱼和打猎都离不开刀。刀是当地最司空见惯的物件，于是齐国人就开始模仿刀的形状铸造货币，这就是所谓的"刀化"。

这个时期的齐国，铜贝、布币和刀币同时流通，铜贝使用的时间长，布币使用的范围广，齐刀是如何在这些钱币中脱颖而出，成为齐国唯一指定的专用货币的呢？这跟齐国的另一个巨人有关，这个人就是千古名相管仲。

管仲不仅是一个非常了不起的政治家、军事家，更是一个名扬后世的经济学家。管仲拜相以后，延续了大力发展工商业的路子，推出一系列的经济创新手段。此外，管仲还提出了著名的"轻重理论"，并因此备受太史公司马迁的推崇，被其认为是最有名的轻重家。

"轻重理论"是中国古代关于调节商品、货币流通和控制物价的理论，轻是指贬值，重是指升值。简单地说，就是认为货币、粮食和一般商品之间，存在着轻重的关系。比如"丰年谷必贱，凶年谷必贵"，也就是说粮食丰收了，粮食价格会跌，遇到天灾人祸，粮价会一路飙升。货币升值则谷物的价格便宜，货币贬值则谷物的价格就贵。

管仲凭着轻重理论对外策划了衡山之谋、阴里之谋和菁茅之谋，堪称古代货币战争的经典案例。他还修补了齐太公创立的九府圜法，在齐国设立了专门管理货币的机构——轻重九府。轻重是指钱币，九府是指主管财政的衙门，类似于现在的财政部、中央银行、造币厂的合体。

齐国的货币由政府统一铸造，这就是齐刀。

管仲相齐的40年间，其经济理论和实践极其成功，仰慕者无数。崇拜他的部分学者把他的言论和措施记载下来，加上一些自己的理解，汇集成册，就成为《管子》一书。这本书对于后世人了解齐国的货币经济政策，起着非常重要的作用。

《管子》一书可以说是中国历史上第一本"MBA（工商管理

硕士）专著"。书中记载了我国古代丰富的经济思想。《管子》给货币下了定义——"黄金刀币，民之通施也""刀币者，沟渎也"。"沟渎"一词实在是太生动、太形象了，它把货币流通比作流水的沟渠，离开货币，商品不可能顺畅地流通。在自然经济占统治地位的古代，能说出这样的话，绝对是高瞻远瞩、高屋建瓴。

《管子》还体现了我国古代经济思想的另一个重要传统，就是把货币当作国家干预经济的重要工具。战国以后，铜钱的作用迅速增强。所以，封建国家首先要垄断货币的铸造权和所有权，然后通过货币的投放、回笼，直接控制流通，平衡物价。这就是所谓的价格政策。

除此之外，管仲还把价格政策运用到对外贸易上，时刻把控本国和他国价格之间的平衡，避免本国重要的物资——比如谷物——流向国外。必要时提高国内物价，鼓励重要物资的进口。而对于本国独有的物资，比如盐，以垄断性的高价换取他国的黄金，甚至还可以利用价格政策进行经济战争，以倾覆敌国，做到"因天下以治天下"。

《管子》是我国封建社会初期货币理论的集大成者，是古代中国货币思想的一座高峰。它对货币职能的深刻解读，应用货币手段调控经济，都显示出无可置疑的先进性。

凭借着先进的经济思想和举措，齐国成了当时最富强的国家，一时间各国的商人云集在此。齐国城市的繁荣程度堪比现在的北京城，车水马龙，摩肩接踵。

这时的齐国早已成了东方的手工业中心、商业中心。《史记·货殖列传》中有句话就是形容这种门庭若市的繁荣景象的："齐冠带衣履天下，海岱之间敛袂而往朝焉。"意思是，齐国生产的帽子、腰带、衣服、鞋畅销天下，从海滨到泰山之间的诸侯都整理好衣袖来齐国朝拜。

《左传》中对齐风有个评价："美哉，泱泱乎，大风也哉。……国未可量也。"齐国是大国的典范，这是人们对它普遍的印象。这个判断可以在先秦古籍中找到无数佐证，齐国的使者出使，或者外国人到齐国来游说，首先都要夸齐国国富民众。因为齐国经济发展水平高，机遇很多，外国人喜欢到齐国来，一般齐国人却不愿往外跑。虽然齐国的城市很拥堵，正所谓摩肩接踵、举袂如云、挥汗成雨，但大家还是不愿意离开。

这种种史料，都可见当时的齐国之富庶，甚至有可能统一天下，最直接的体现就是，在战国早期的数十年间，齐国可以与其他几个强国同时开战，并战而胜之。

在齐刀生产的过程中，叠铸技术的使用，使钱币的生产效率大大提高，这也标志着中国铸币工艺的巨大进步。

相较于以齐刀为代表的刀币，同时期的布币、蚁鼻钱上的文字，均意为纪重、纪地，即代表地名或货币的价值，而齐刀上的"法化"，则体现了标准货币这一现代金融的理念。文字是文明的载体，钱币上的文字更体现了国家的意志。

最后，我们再从更宏观的角度看一看齐刀的历史意义。从"法化"刀币在当时的大量铸行可以看出，齐国已经统一了铸币权，形成了统一货币的思想和措施。中国古代币制大一统的局面，是在秦始皇统一后形成的,秦朝"半两"的大量铸造和广泛流通,为统一全国打下了基础。

虽然齐刀最终没有成为大一统国家的通用货币,但它在中国货币史上仍然担得起"无冕之王"的称号。

布币：由"抱布贸丝"讲到货币拜物教

先秦时期，商业的发展给人们的生活带来了很多改变，这种改变甚至影响到了古人的婚恋大事。在《诗经·卫风·氓》中，就有这样一首诗："氓之蚩蚩，抱布贸丝。匪来贸丝，来即我谋。"这首诗是以一个小女生的口吻写的："一个憨厚的农家小伙子，怀抱着布匹来和我交换丝绸。说是来交换丝绸的，其实，他是来和我偷偷商量结婚的事情。"

这是在当时的卫国发生的一个甜蜜的生活场景。对于"抱布贸丝"这一句里的"布"字，很多钱币学者，包括我本人，有不同的理解。这里的"布"不是"布匹"，而是指"布币"。也就是说，那个小伙子怀里带着钱，以买丝为名，实际是来求婚的。

那么，是不是就像前文提到的将贝壳作为货币的贝币那样，布币就是用丝帛布料来作为货币呢？这个逻辑似乎没有什么问题。不过，历史常常出乎我们的意料，很多我们觉得确凿无误的事，往往并非如此。

布币非布。那么，它究竟是一种怎样的货币？它是什么时候产生的呢?

布币,其实是一种金属货币。它的出现是接过了铜贝手中的接力棒。公元前6世纪后期,铜贝这种低面值的货币使用起来越来越不方便,人们如果想买点贵的东西,携带的贝币数量会相当大,需要用肩挑,用车推,这不仅引发了百姓的排斥心理,而且在一定程度上造成了市场的混乱。所以,公元前524年,东周的周景王不顾保守势力的反对,决心要改革币制,铸行大额货币——布币。

布币,既然不是布做的,为什么叫布币呢?布币的"布"字代表着一种农具。春秋战国时期,商品经济迅速发展,出现了形态各异的钱币,它们的形状大多模仿了当时的生产工具或者生活用具,前文提到的齐刀、本节讲的布币都属于这类。

那时候的金属农具数量不多,因为金属的开采、冶炼属于技术含量比较高的活儿。金属用具不便宜,其本身又有实用价值,所以金属用具的转让买卖很有市场。同时,比起牲畜、谷物,农具更便于携带和保存,于是,它就从普通交换物中分离出来,成了充当一般等价物的特殊商品,再经过一步步演变,成了形制稳定的金属铸币。

那么,布币的形状来源于哪种农具呢?《诗经·周颂·臣工》里提到过钱(jiǎn)和镈(bó)这两种农具:"明昭上帝,迄用康年。命我众人:庤乃钱镈,奄观铚艾。"钱,形状像铲子,有两足,是挖土用的。而镈,也是铲子形状的农具,与钱不同的是它没有两足,可以用来锄地。由于"镈"通假为"布",人们就将这种按照镈的形状铸造的青铜货币称为布币，而"钱"也慢慢演变为货币的代称。还有一种说法是，布本为麻布之意，麻布也是交易媒介之一。铜币出现后，人们因受长期习惯的影响，仍称铜钱为布。

前文中，我们把齐国的齐刀，比作一位剑法了得的侠客，而布币，则更像是掌握了七十二变的孙悟空。因为，布币光是形制就有很多种，两只手都数不过来。

从外形上，布币分为空首布和平首布。大概在春秋前期，原始布发展为空首布。空首布像是一个被拔掉了木把儿的铁锹，因为它的顶部中空，所以叫空首布。但空首布有不方便的地方——它的肩和足过于尖，容易扎到人。所以，到了春秋晚期和战国前期，空首布演变成了平首布，顶端变平了，整体变小了，重量也变轻了。

平首布的外形十分丰富，按照形制可以划分为九个种类。其中，三孔布是先秦货币中最为珍贵的品种，是钱币界公认的名品之一。三孔布的布首与双足各有一个圆形的孔，铸形精巧，形制奇特，传世及出土数量都不多，迄今为止，国内也仅有几十枚，位列中国古钱"五十珍"。

布币发展到这个时期，可以说是大体完成了从金属工具到金属铸币的进化。这个过程中，布币的体积不断缩小，重量不断减轻，越来越便于携带，也越来越容易被百姓接受和使用。春秋时期的空首布重量大概有35克，到了战国晚期，已经降到10克左右。虽然货币的重量变轻，但它的币值却没有缩减。远古时期，以物易物，人们可能要拉着30袋米才能换一只羊；到了商朝后期，买一只羊可能需要带上一大袋子的铜贝；布币铸行以后，只要身上带着分量很轻的布币，就可以买到一只羊。

不过，这一点也有学者认为与掌握铸币权的封建统治者长期实行铸币贬损的行为有关。马克思说，数百年间各国君主不断地进行货币伪造，夺去了铸币原来的重量，以致事实上只留下了原来的名称。这是封建社会一个带有规律性的普遍现象。可是，我还是倾向认为这样做是为了满足流通的需要。战国时期还是我国金属铸币流通的早期阶段，正处于货币经济确立的时期。在战国早期，布币流通区域的许多地方开始铸造同一货币单位之两种或两种以上大小分等的铜铸币，让其同时流通，这是我国早期货币流通方面的一种比较完善的"子母相权"制度，在货币制度上是一个重要的进步。

除了大小和重量上的变化，这时候布币的造型和纹饰也趋向于精致美观，钱文对称，很有美感。布币对称的钱文布局，对后世的钱币影响很深。布币记录、传承着中华民族勤劳笃厚的农耕文明的DNA；布币还逐渐成了中国钱币界的一个形象代言人，经常被运用到各种标志和建筑的设计当中，比如中国人民银行的行徽，就是由三个红色的布币组成的。

布币的铸行，促进了战国时期商业贸易的繁荣，甚至改变了当时人们的价值观、金钱观。

虽然在春秋时期货币已经广为流通，但上至王公大臣，下到平民百姓，都更喜欢珠宝玉器、丝绸，甚至是牲畜及奴隶这样的财产，他们认为有了这些才更能显出自己的富有。至于货币，则不足挂齿，太俗，是世俗之物。

到了战国时期，布币的广泛使用，使得人们交换商品的效率大大提高。伴随着生产力的提升，新的封建地主阶级产生。以前工商业被贵族垄断，也就是"工商食官"的局面，随之瓦解。这时候，大量土特产品进入市场，参与了交换。于是，贵金属便适应上层统治阶级交换的需要，成为广泛流通的货币，战国时期大量使用钱币，动辄百斤、千斤的情形，在史书当中的记述也就屡见不鲜了。

农民的余粮、多余的布匹，以及农具、陶器、木器等也纷纷进入市场。"农夫不斫削、不陶冶而足械用，工贾不耕田而足菽粟"，说的就是农民不用自己动手去做、不用烧窑、不用冶炼也可以有农具用，工匠、商人不种地也有足够的粮食吃。为什么呢？有钱了，可以用钱买了。这样看，货币经济已经渗入到百姓的现实生活当中。

与此同时，城市开始成为商品交换和手工业的中心，齐国的临淄、赵国的邯郸等名城，都是店铺林立，有卖酒的、卖鞋的、卖兔子的、卖骏马的，甚至还有金店。《韩非子》里就记述有"孺子怀钱"买酒的事，所以，钱币跟城市人民日常生活的关系就更为密切了。这时候土地也可以买卖了，赵国的大将赵括就把国君赏赐的金帛"归藏于家，而日视便利田宅，可买者买之"。意思就是拿着钱天天出去溜达，看到喜欢的好田好宅，就买下来。除此之外，土地租借、收取租金的事例，劳动力的雇佣也有使用货币的情形,即所谓的"买庸"。

货币流通的规模增大了,而且被人们当作财富的结晶储存。也就是说,钱多了,可以攒钱,可以藏钱。从出土的钱币数量看,战国时的钱币往往成百盈千,窖藏铜钱的现象十分普遍。2005年,河南省新郑市的战国窖藏就出土了1500多枚布币。出土时,这些钱币一摞一摞地整齐摆放着,而和它们放置在一起的铜箭头、铜矛等,则摆放得杂乱无章,由此足以看出当时人们对钱的重视。

战国时期,用钱殉葬的风气也渐渐形成。战国墓葬中出土的钱币数量相当可观,比如,河南卫辉出土的战国大墓中就有六七百枚空首布。

华夏文明,由原始农业滋养而生。布币,这种由农具演化而来的货币,携带着中华农耕文明的基因诞生;为了适应贸易,向越来越轻便的外观形制演变,为战国时期民生经济的发展立下了汗马功劳。然而,也正是由于布币对经济发展产生的巨大的促进作用,货币拜物教也开始萌芽,人们的拜金心理愈演愈烈。但是,说到底,它就是一枚钱币,有它的正面和反面——福祸相依,利弊相伴。

秦半两：秦始皇与他的天下一统

先秦时期，从部落联盟共治到王权模式，从三皇治世、五帝定伦到商周之变，华夏文明的蓬勃脉象已经凸显，反映在钱币上，形态各异，精彩纷呈，交相辉映。

商代的铜贝，春秋的齐刀，战国的布币……它们的外观大不相同，这无形中也呼应了先秦时期的思想——百家争鸣，各有千秋。在各方诸侯割据500年之后，公元前221年，秦始皇一统天下，中国历史进入了第一个中央集权君主专制的大一统王朝——秦朝。钱币世界也结束了各自为政的纷乱局面，钱币圈的"龙头大哥"出现了，它就是秦半两。

秦半两是小铜钱的鼻祖。它圆形方孔，直径一般为1寸2分（2.4厘米），中间的方孔边长为6分（1.2厘米）。整个币面非常干净，只在正面一左一右刻着两个字——半两，意思是这枚钱币的重量是半两，秦半两由此得名。相传，"半两"这两个字是秦朝丞相李斯书写的。这种字体叫"小篆"，又称"秦篆"，是李斯在秦国人通用的大篆基础上创造出来的一种新字体。

不知道大家有没有注意到,秦半两的直径和重量要么是六,要么是六的倍数。难道这里面有什么隐藏的深意?原来,六是阴阳五行中水的计数。秦始皇以黄帝为自己的祖先,推导出秦朝为水德,所以推崇数字六。又因为水德对应的颜色是黑色,所以秦朝人也崇尚黑色,就连礼服、旌旗等都是黑色的。

圆形方孔的秦半两,与贝币、刀币或者其他农具样子的钱币,在形状上大不相同。从秦半两开始,钱币的形状终于不再是模仿某个具体的实物了,它拥有了更高级的思想内核。在古代,人们认为天圆地方。天地代表了人们赖以生存的皇天后土,体现着中国古人独特的宇宙观。

另外,作为和秦始皇一同登上统治地位的钱币,外圆内方的秦半两,寄托着秦始皇在政治上的雄心壮志。秦半两的外圆内方与皇权有着某种微妙的联系——外圆象征天命,内方代表皇权。把钱做成外圆内方的形状,也象征着君临天下,皇权至上。秦半两流通到的地方,就是皇权威仪延伸到的地方。作为中国封建社会前无古人的千古一帝,秦始皇对于统治国家确实有其独到的思维。

秦始皇嬴政,生于赵国的都城邯郸,13岁登上王位,23岁除掉吕不韦等异己,重用李斯。他带领秦国先后灭了韩、赵、魏、楚、燕、齐等六国,最终在39岁的时候完成了统一中国大业,建立起一个以汉族为主体的、中央集权的强大国家——秦。秦朝奠定了中国疆域的基础。嬴政在统一天下以后,为了彰显自己无上的功绩,从"三皇"和"五帝"中各取了一个字,组成"皇帝",

当作自己的称谓。从此，皇帝就成为中国古代帝王的专属称谓，秦始皇也就成了我国有史以来的第一个皇帝——始皇帝。

给自己起了一个炫酷的名字之后，秦始皇开始了大刀阔斧的改革。

首先，他废除分封制，推行郡县制。到底怎么做，一开始他也拿不准，就让众大臣讨论一下。其中，王绾和大多数官员都认为不设立诸侯藩王，就没有办法维持原来六国领土的安稳。他们提出把秦始皇的20多个儿子分封到各地去当王。只有李斯反对这个建议，他反对的理由也很充分。他说秦始皇在的时候，这些人还是亲兄弟，不会互相争夺。但是到了下一代，就变成了堂兄弟，关系浅了一层，再下一代，血缘关系就更浅了。基本上五代之后，就成了陌生人。那么，局面就会又变成跟战国七雄争霸一样了，天下迟早会大乱。既然知道最后的结果是错的，那么为什么还要开始呢？

秦始皇想了想，觉得李斯说的有道理。最后，他采纳了李斯的建议，推行郡县制。这不仅仅是为了防止再发生诸侯王割据的局面，同时，也把权力牢牢地集中在了自己的手里。于是，天下三十六郡诞生了。

之后，秦始皇又迅速做了四个统一，其中最重要的就是统一货币。

当皇帝不久，秦始皇就颁布了货币改革令，确定了以"上币黄金"和"下币半两"为主的货币制度，同时废除了过去用珠宝、玉石、龟壳充当货币的交易方式。"上币黄金"和"下币半两"，就像现在的纸币和硬币：上币面值大，用于大额交易；下币面值小，用于小额买卖。

这项改革凝聚了秦始皇很多的政治智慧。首先，郡县制的实行，是半两钱能够在全国广泛流通的前提。其次，如果全国各地的文字都不统一，钱文的读法都不一样的话，半两钱的推广也会大成问题，李斯创造的小篆避免了这个问题。

要想让全国的百姓都认可"上币黄金""下币半两"，还必须统一人们对重量的认识。你说你的金子重1000两，而我偏要说那是500两，这还怎么交易？度量衡必须统一。另外，在六国时期，每个国家车轨的宽窄都不一样。这样，道路也有宽有窄，货物的长途运输也是个大麻烦事儿。于是，秦始皇一狠心，把全国的度量衡和车轨都统一了。

各项统一政策的实行，尤其是货币的统一，大大利于农业和手工业的恢复和发展，秦朝的经济从连年的战乱中得以复苏。经济发展了，剩余产品增加，商业自然而然也就随之繁荣。但这是和秦始皇的治国理念相悖的。秦始皇坚持的，是从商鞅那里传下来的重农抑商的政策。

商鞅变法是秦国强盛的原因之一，而重农抑商就是商鞅众多变法主张里最重要的部分。重农抑商政策的实施，是有其历史背景的。一方面，当时秦国的地理位置比较偏僻，虽然土地丰腴，但是没有开垦的地方也很多，再加上秦国的人口相对少，所以，农业一直不太发达；另一方面，秦国被封为诸侯国的时间比较短，跟其他诸侯国相比，经济起点低。

所以，商鞅鼓励人们开垦田地、实行土地私有制，还直接从别的诸侯国"引进"了很多农民。他减轻农业税，给农民留下了很多休闲娱乐的时间。

商鞅鼓励农民进行农业生产，但严格禁止农民买卖粮食，并把耕地附近的山和河流都给封了，断了农民经商的念头，让农民安心种地。商鞅还颁行法律，把农民约束在土地上，只要离开，就抓起来严惩。商鞅为了发展农业，可以说是"软硬兼施"，费尽心力。

这种做法在短时间内取得了很好的成效，帮助秦国迅速地走向了富强，为秦始皇统一天下奠定了很好的经济基础。但是，当秦朝一统天下之后，还奉行如此严格的重农抑商政策，就大大阻碍商业的发展了。

在秦朝，商人的地位十分低下，秦始皇曾经像对待犯人一样对待商人，让商人充军，去攻打偏远的地区。如此一来，市肆店铺凋零，商品经济受到严重摧残。

重农抑商政策符合秦国短时期的需要，保证了农业的发展，促进了生产力的提高，满足了人民生活的基本要求。把农民固定在土地之上，让他们专心耕作，也是有利于国家政治稳定、政权稳固的。地租是国家赋税的主要来源，所以大力发展农业是国家机器运转的基石。但是，过度地打击商业，也阻碍了社会经济的发展，使得秦朝的工商业相对落后。秦国的经济就像一个腿瘸之人，跑不快，更不可能跑得远。

经济的失衡确实是秦朝灭亡的重要原因，而秦二世胡亥铸造的轻钱，则是压死骆驼的最后一根稻草。轻钱，就是重量比较轻的秦半两。轻钱的出现和秦二世的昏庸无道脱不开干系。而这，还要从秦始皇驾崩说起。

公元前210年，秦始皇死于沙丘，宦官赵高和相国李斯帮助胡亥杀掉了其兄弟姐妹20多人，逼死本该继位的大哥扶苏，秦二世胡亥登上了皇位。胡亥当了皇帝以后沉迷于享乐，大权旁落于赵高之手。李斯怕自己失宠，为了讨好秦二世，就琢磨出了很多独断专权、酷法治民的点子。

秦朝的国库日渐空虚，铸造不起重如其文的秦半两了，只能铸造不足半两重的半两钱，靠政令强制发行。减重的劣质秦半两成为变相搜刮民脂民膏的工具。货币的贬值，导致了中国历史上最早的通货膨胀。

轻钱的推行造成了秦朝的经济动荡，再加上秦二世在李斯的建议下对农民变本加厉地征税，农民的负担一天天加重，终于引发了陈胜、吴广领导的农民起义，这是秦朝灭亡的导火索。随之，刘邦、项羽纷纷起兵反秦。公元前206年，秦朝灭亡。

虽然秦朝在中国历史上只统治了短短的15年，但是它建立起来的统一的货币制度，以及秦半两钱外圆内方的形制，不仅在中国沿用了2000多年，还深深影响了东亚、东南亚的许多国家，在世界货币史当中也占有十分突出的地位。秦朝的重农抑商政策，留给后世的教训也值得我们铭记：要想实现经济的可持续发展，工农商各行各业必须平衡发展，只有这样，经济才能发展得既快又稳。

世界篇

吕底亚钱币：西方货币体系的源头

诞生于公元前7世纪的吕底亚钱币曾一度被认为是世界上最早的金属货币，后来它以400年的差距，输给了铜贝。但说吕底亚钱币是世界上最早的金银货币，仍然无可争议。接下来，我们就把聚光灯投向吕底亚钱币，借着它，去探寻西方货币体系的源头。

2019年，迪士尼公司出品的真人动画《狮子王》大火。影片里，狮子王辛巴出生后受洗的时候，狒狒长老在它的额头上抹了一道红色，代表着它是未来的丛林之王。此情此景，让我想起了吕底亚钱币。吕底亚钱币的正面，就是代表着王权的狮子。而且，吕底亚钱币是用黄白色的琥珀金打造而成的，色泽也跟狮子的颜色近似，所以，它一直有着"狮币"的称号。

狮币虽然年代久远，但钱币上狮子的王者霸气依旧，穿越了2600多年的时光扑面而来。那么，打造狮币的吕底亚王国，是否也像雄狮一样威震四方呢？这枚带有狮子图案的钱币又是如何诞生的呢？

为了便于讲述，我设定了一个主人公，他的名字叫汉尼拔，生于公元前6世纪初,是一个来自迦太基的年轻商人。迦太基,就是今天的北非突尼斯一带。接下来,就让我们来听听这个年轻人在吕底亚的见闻和经历。

汉尼拔出生于一个祖祖辈辈经商的家族,虽然不是吕底亚人,但他对吕底亚并不陌生。在他的眼里,公元前11世纪左右就已经建立的吕底亚王国,是一个当之无愧的文明古国。汉尼拔从小就听人说,吕底亚最大的特点,就一个字——富。

吕底亚的富,体现在各个方面。首先,它的农业十分发达,原因是吕底亚靠近两河流域的源头,土地十分肥沃。聪明的吕底亚人,依靠天然的水利优势,很早就建立了农业灌溉网络,为种植橄榄、水果等提供了得天独厚的条件。

其次,吕底亚还有无与伦比的海岸线。吕底亚临近黑海、地中海,渔业的发达自不待言。与此同时,四通八达的海上航路,为剩余产品的交易提供了便利条件。吕底亚首都萨狄斯逐渐成为地中海地区最繁荣的贸易中心。

从公元前7世纪开始,汉尼拔的先辈们就从北非坐船向小亚细亚行进,在吕底亚的首都萨狄斯上岸。在这里,他们能很快地卖掉从迦太基带来的北非土特产、手工制品等,再用赚来的钱,购买橄榄油和其他生活必需品带回迦太基。

汉尼拔经常听老人们讲,一百年前,往来于此的商人,通常会用未经加工的琥珀金交易。琥珀金是一种金银合金。小亚细亚土地肥沃,矿产丰富,琥珀金矿藏尤其多。但是,那时候生意并不好做,因为自然形成的琥珀金当中,金银比例不固定,在估价上误差很大。所以，交易时间就会拉长。有时候，甚至需要仲裁人进行评估，商人们常常为此感到困扰。

但汉尼拔赶上了好时候，他外出经商的时候，吕底亚已经把天然的琥珀金块进行切割，并打上了狮子的戳记，制作成琥珀金币。这时候，钱币中的金银比例相对固定，市场的接受程度大大提高。

但是，好景不长，让汉尼拔烦心的事情发生了。有好几次，他去萨狄斯做生意的时候，发现收到的琥珀金币的颜色不对，重量也与之前收到的琥珀金币有点儿不一样。他逐渐意识到，这些琥珀金币里被人添加了铅之类的便宜金属。辛辛苦苦赚来的钱竟然是劣币，这让他大为恼火，去萨狄斯做生意的动力大减。很多商人因为钱币的造假问题，开始拒绝使用琥珀金币。

看到这种局面，吕底亚国王克洛伊索斯坐不住了，决心改良币制。于是，他开办了世界上第一个用来提纯黄金的精炼厂，回收市场上的劣质钱币，剔除其中的杂质，分离出纯金和纯银。紧接着，克洛伊索斯又开了一个先河，推出金银双本位制，也就是将制造出的金币和银币，同时作为本位货币，在贸易中自由使用，并对钱币的材质、大小、重量、单位、图案等做了基本的规定。改良后的钱币，纯金金币正面有怒吼的狮子图案，背面有一个戳记；纯银银币的正面则是雄狮与公牛相对的半身像，背面有两个戳记。吕底亚钱币的身份特征越来越明显了，劣币受到了一定的打击。

然而，吕底亚王国的钱币防伪之路依然任重道远。在纯金金币诞生之后，贪图利益的造假者又开始在纯金金币里混合劣质金属。这一次，人民的智慧占了上风，鉴别金币是否掺假的利器出现了，这就是试金石和验金针。

试金石是吕底亚当地的一种黑色石头，金匠将金币、金块在这种黑色的石头上研磨，然后，轮到验金针出场。一组验金针通常由金银、金铜以及金银铜等不同金属按不同比例构成。人们察看被测试物在试金石上的磨痕与哪一根验金针的磨痕类似，那就意味着被测试物的纯度与那一根验金针的纯度接近。比如，第9支验金针是纯金打造的，那么和第9支验金针磨痕相同的钱币，就是没有掺假的纯金钱币。有了试金石和验金针这两样法宝，假币、劣币就无处遁形了。

官方和民间防伪手段的强强联手，让吕底亚钱币越来越被人们所认可。克洛伊索斯推出的金银双本位制，也在实际应用中逐渐显现出其优点。比如，当人们买卖牲畜、首饰等贵重物品的时候，就可以使用价值高的金币，而购买便宜的东西，如蔬菜、水果等就可以使用银币来付账，灵活方便。

这一系列的货币改革，极大地保证了吕底亚钱币的信用和价值，再加上吕底亚地处交通要道，和希腊诸城邦的贸易往来频繁，所以吕底亚钱币开始广泛流通。这又反过来促进了商业的发展，吕底亚的贸易越来越繁荣，国力越来越强。

而我们的主人公汉尼拔，也开始频繁来往于迦太基和吕底亚之间，挣了钱，发了大财，由一个小商贩摇身一变成了大商人。

克洛伊索斯的智慧和吕底亚人出色的经商天赋，让这个王国进入了全盛时期。公元前550年左右，吕底亚已经是地中海东部最富庶的国家之一。但是，"祸兮，福之所倚；福兮，祸之所伏"，王国的富裕招来了伊朗高原波斯王朝的羡慕嫉妒乃至仇恨。公元前546年，波斯大兵剑指小亚细亚，一举攻下了吕底亚首都萨狄斯，享国数百年之久的吕底亚王国灭亡了。

不过，吕底亚金币、吕底亚银币并未消亡，金银双本位制也作为一种全新的货币体系，逐渐被西方世界所接受和推广。在吕底亚灭亡之后，这种货币体系被波斯、希腊诸城邦以及后来的马其顿、罗马和拜占庭等帝国继承并发扬光大，影响了几乎所有的西方国家。一直到拜占庭帝国沦陷，这种货币体系才崩溃瓦解。吕底亚的货币体系延续了1000多年，吕底亚钱币确实是当之无愧的西方货币体系的源头。

为什么西方货币的鼻祖是琥珀金币，而中国最早的货币却是青铜铸造的铜贝呢？

一方水土造就一方货币，不管是西方世界的金银货币，还是东方世界的青铜货币，它们的诞生都和人文地理有着千丝万缕的联系。

西方人喜欢使用金银，和他们古老的黄金崇拜有关。早在古埃及第五王朝时期，法老们就以琥珀金打制首饰。古代红海沿岸的闪米特人也崇拜黄金，闪米特人相信只有太阳能给人类带来光明，而黄金是太阳的象征。他们认为黄金如同太阳一样，充满神秘感，至高无上。闪米特人的太阳崇拜、黄金崇拜极大地影响了两河流域和小亚细亚地区，其中也包括吕底亚。

在中华大地，青铜冶炼的原材料来源更广，矿藏量更大，青铜的开采技术、冶炼技术、铸造技术更纯熟，技术上的先进和青铜优良的金属特性，使得青铜成为铸造货币的首选，老百姓也十分认可青铜钱币的价值。这样的双向选择使得青铜钱币在中国流通了相当长的时间。

不同国家的历史发展既存在着差异，也有一定的共性，货币的发展也不例外。孔子曰："逝者如斯夫，不舍昼夜。"历史的洪流滚滚向前，不论是帮着商纣王巩固王权，最终又不得已"助纣为虐"的铜贝，还是帮着克洛伊索斯将王国推向鼎盛，却招来虎狼觊觎的吕底亚钱币，它们都在创造者覆亡之后，坚挺地流传了下来。历史最终会抹平城墙，冲走王冠。但小小的钱币却永远不会褪色，借着时间赋予它的重量静静地躺在河床之上，等待着勇敢而幸运的人打捞。

大流克金币：古波斯的货币元年

公元前546年，波斯帝国吞并了吕底亚王国，但它没有消灭吕底亚王国的钱币和钱币制度，而是将其继承了下来。吕底亚钱币在商贸活动中接受程度很高，波斯人顺势而为，继续让吕底亚钱币自由流通。直到公元前522年大流士一世上位，波斯帝国终于迎来了属于自己的货币——大流克金币。

大流克金币正面是一个头戴王冠、单腿跪地的弓箭手，他一手持弓，一手拿箭，威风凛凛，好像随时准备进攻。钱币背面是一个长方形的戳印，没有铭文。很多人认为，钱币上的弓箭手的原型就是大流士一世，因为大流士一世本人就是猛将一个，他既是杰出的投枪手，也是顶级的弓箭手，骁勇善战，无人能出其右。

公元前525年，大流士一世随第二代国王冈比西斯二世征战埃及，任"万人不死军"的总指挥。公元前522年，祸起萧墙，国内发生政变，国王在归国途中病逝，大流士一世抓住这个机会，趁乱杀死政变头领，镇压起义，登上了君王大位。

大流士一世上任后不到一年的时间,他就打了18场血战,铲除了八大割据势力,将混乱的波斯统一为一个完整的大帝国。难得的是,大流士一世的征战过程,并不是铁骑过处,民不聊生。相反,他始终保持开放的心态,对新征服的国家和地区,采取"大统一,小自治"的政策。比如,大流士一世虽然将拜火教定为波斯的国教,却允许人们有其他信仰,对宗教的这种宽松和包容使他深得民心。大流士一世称自己为"王中之王,诸国之王",后人则尊称他为"铁血大帝"。

能征善战的"铁血大帝"大流士一世,以一种新货币标榜自己的赫赫战功,理所应当。但是,对比浩瀚的中国钱币史,我们知道,推出新钱币的意义绝不仅仅如此简单。

公元前518年,天下初定,作为一国之君,不仅要打天下,更要善于治天下。此时的波斯,虽然在吕底亚钱币之外,已经有了自己铸造的金币,但是这些金币的价值得不到保证,质量参差不齐,阻碍了波斯的贸易和经济的发展,加上各派势力割据,局面一度十分混乱。因此,大流士一世决心稳固政权,恢复国民经济。

很多君王都会进行货币改革,比如齐桓公、秦始皇、克洛伊索斯等。贤明的君王会在货币经济方面励精图治,以期国家能够获得长足发展。接下来,我们就以大流克金币为线索,对照着中外帝王的类似举措,看看大流士一世推出了哪些明智的政策。

首先,大流士一世经过深思熟虑,决心把财政大权掌握在自己的手中,这样才能真正地扼住各地方势力的七寸。此前他已经打造了大流克金币。此时,他又推行了一项更为重要的举措:只有中央政府才有打造、发行金币的特权,各省的总督只允许打造银币,各自治城市只允许打造铜币。货币得到了统一,财政大权紧紧地握在了帝国的手中。在钱币的质地上,大流克金币重量约8.4克,含金量高达96%左右,打造量非常大。货币的信用得到了保证,因此,不管是在波斯本土,还是在敌对国家,大流克金币都广为流通。这是大流士一世最为杰出的政绩之一。

而在中国,和大流士一世同样将造币权收归中央的,是汉武帝。在他之前,汉文帝也曾经统一货币,但他做了很多妥协,比如允许私人铸币等。此风一开,后患无穷,各地纷纷私铸钱币,使得物价飞涨,埋下了"七国之乱"的祸根。汉武帝吸取之前的经验教训,在公元前118年,不惜工本,推出品质精良的五铢钱,以打击私人铸币,使其无利可图,杜绝了盗铸行为的发生,保障了经济有条不紊地发展。五铢钱的推出,保证了国泰民安,也为汉武大帝赢得千古英名奠定了基础。

其次,大流士一世在统一货币之后,体恤民情的他相应地还制定了一系列财政法规,因地制宜地管理不同地区的财政。前两代国王统治的时候,赋税不固定,人们大多以缴纳礼物的形式上税,国家可以任意掠夺和搜刮,百姓负担沉重,苦不堪言。大流士一世力除顽疾,根据地区不同制定了不同的赋税,税率也相对合理,不轻不重,既有利于帝国财政,老百姓也比较容易接受。因为这些,波斯人称大流士一世为真正的"商人"。

同样具有税收思想的秦始皇却征敛无度。董仲舒曾以"一岁力役，三十倍于古""田租口赋，盐铁之利，二十倍于古"等语句概括秦王的税收徭役。《汉书·食货志》中还记载，"至于始皇……收泰半之赋"，"泰半之赋"就是征收占收成三分之二左右的土地税。繁重的税收徭役，极大地破坏了社会生产力。因此，我们不难理解，同样是世界历史上著名的大帝国，为什么秦朝仅存在了十几年，而波斯帝国却延续了200多年。

在改革货币和赋税之后，波斯帝国的财富激增。金钱开阔了大流士一世的眼界，他颁行新政，以促进帝国的海上商贸，开辟新的海上通路。大流士一世派舰队探索印度洋，开辟了从印度河口到埃及的海上航线；还开通了从尼罗河到红海的运河，将印度洋和大西洋两大水系连为一体，这条运河就是苏伊士运河的前身。

紧接着，大流士一世积极修建了一条贯穿波斯全境的御道，御道两旁驿站、旅店无数，为商人贸易保驾护航，提供便利。讲到御道，还有个历史八卦，说大流士一世修建御道，没有什么宏伟的大目标，仅仅是为了满足自己的口腹之欲，想尽快吃到爱琴海的鲜鱼。御道上的邮差采用接力的方式，快马加鞭地把鲜鱼送到王宫，类似于现在的"闪送"。修建御道以前，从爱琴海到王宫的路程需要走十几天；御道建成以后，从爱琴海到王宫只需要三天。希腊人听到这个情况，羡慕地说："波斯王住在巴比伦，爱琴海鲜鱼进王宫。"

传说中，拿着大流克金币的商人，尾随着给国王闪送的团队，到爱琴海沿岸，一手交钱一手交货，当地的人们，立刻被这种金光闪闪的宝贝所吸引。当时很多国家使用的还是银币，银币肯定不如金币抢手。虽然他们不甘心屈服于波斯帝国的征伐，但对大流克金币的魅力却很难拒绝。大流克金币就是伊甸园的苹果、潘多拉的魔盒，就是希腊神话中用歌声诱惑人们跳海的海妖塞壬，让你欲罢不能，自投罗网。就这样，大流克金币美名远扬，波斯金币实现了货币上的征服。

波斯的御道带来了商业的飞跃发展，使波斯人的触角延伸到其他国家。这条路在我国汉代张骞通西域后，便成了丝绸之路的中段，波斯帝国也成了古丝绸之路四大帝国之一。

大唐盛世，也有类似于波斯的驿道。据柳宗元的《馆驿使壁记》所言，唐朝时以首都长安为中心，有七条重要的呈放射状的驿道，通往全国各地。伴随着驿道的发达，跟波斯一样，一路上也有许多驿站、旅店，这些驿道保证了在很短的时间内能够迅速传递朝廷命令和军事消息，也大大方便了唐朝的商贸。

大名鼎鼎的古代美女杨贵妃，幼年生活在四川，《唐国史补》称其"生于蜀，好食荔枝"。等到她当了贵妃，还是喜欢吃荔枝。从岭南到长安城，官差骑着驿马带着荔枝，接力于驿道上，等荔枝送到贵妃嘴里，虽经数千里而不坏。这送荔枝的速度和大流士一世时期送鲜鱼的速度也差不多。所以，才有大诗人杜牧的《过华清宫绝句》："长安回望绣成堆，山顶千门次第开。一骑红尘妃子笑，无人知是荔枝来。"诗人回望长安，草木如画，郁郁葱葱，错落有致。山顶的宫门按顺序一个一个地缓慢打开。快马飞奔，尘土飞扬，杨贵妃喜笑颜开，原来是"外卖骑手"送来了荔枝。

虽然这首诗是在讽刺唐玄宗和杨贵妃的奢靡生活，但它也从另一个侧面反映了唐代交通的便利和经济的繁荣。

随着大流克金币的发行，一系列大刀阔斧的改革出现在波斯帝国的土地上，而波斯也在大流士一世改革之后，日渐强盛。

如果说吕底亚国王克洛伊索斯是开拓者和理财家，那么，大流士一世就是征服者，是经济学家，是改革家。克洛伊索斯打造了西方第一枚金属货币，却没有制定相应的法律来保证金币的流转和市场的运作；而大流士一世则发展完善了货币法规，推行了宽松的赋税政策，并创造性地开辟了御道和海路。同是经济学家和改革家，大流士一世比中国的秦始皇先进了许多，因为他制定的赋税政策更合理，比汉武帝将制币权收归中央的创举，也要早400多年，使得波斯在公元前6世纪时的繁荣程度，令今人为之感叹。

纵观中国经济史，每个政权在建立伊始，都会做两件事：一件事是立即收集前一个王朝的官府卷册，另一件事是发行自己的货币。就算是明末乱世，李自成雄心壮志建立但不到两年便倾覆的大顺朝，也造了永昌通宝来代替明朝的货币。这其实也是世界货币史的一个重要特点。大流克金币也发行于这样的背景之下，这是中西方的相同之处。

大流克金币所散发的光芒，处处透露着波斯民族的智慧和伟大。大流克金币随着旅行的马队、渡海的小船，过御道，游运河，从波斯出发，逐渐游弋到世界的其他地方。大流克金币体现了大流士一世丰富的货币法制思想和经济观念。这些思想和观念,在一个多民族、多文化、多冲突的复杂国家里,发挥了积极的作用。国家要想团结统一,货币的统一,以及跟货币经济相关的税收政策等必须法制化。令行禁止,依法治国,国家才能长治久安。

亚历山大大帝银币：风云变幻的古希腊

1996年，我以丝绸之路钱币实习研究员的身份，开始在大英博物馆币章部工作。Joe Cribb（乔·克力布）是我的导师，他同时也兼任币章部的主任。有一天，在协助Joe为世界钱币展做准备的时候，我看到Joe在全神贯注、反反复复地端详手中的一枚钱币，他拿钱币的手势精致而谨慎——用拇指和食指小心翼翼地夹住钱币的边缘。那个手势和Joe眼中闪烁的光芒，以及那枚钱币，都给我留下了非常深刻的印象，现在回想起来依然历历在目。这枚被Joe和大英博物馆都视作珍宝的钱币，就是亚历山大大帝银币。

银币的正面是亚历山大大帝的头像，他的鼻子跟下巴线条笔直，头部前倾，凝视远方，目光威严。在他浓密的卷发中，还可以看见一只公羊角。在希腊神话里，公羊角象征着宙斯与阿蒙神，就是希腊与埃及两位最高神的结合体。银币的背面是雅典娜，她倚靠着盾牌，表情坚毅。雅典娜是宙斯的大女儿，有勇有谋又有颜值，是一位女战神。雅典娜的手中还托着飞翔的胜利女神妮姬（Nike）。

这枚带有亚历山大大帝头像的钱币，打造时间大约是公元前305年到公元前281年。此时，亚历山大大帝已经病逝，这枚钱币是由他曾经的麾下大将兼继任者利西马科斯下令打造的。为什么利西马科斯要在钱币上使用亚历山大大帝的头像呢？我们先深入了解一下亚历山大大帝的生平。

亚历山大大帝生于公元前356年的马其顿王国。公元前356年，正好是秦国商鞅变法发生的那一年。历史总是充满了巧合，同一年，在东方，秦国处在崛起的重大转折点，而在西方，马其顿王国兴盛的伏笔也已埋下。

马其顿王国位于希腊北部，是一个小国家，曾经被希腊的城里人认为是血统不纯的乡下人待的地方。但是，亚历山大大帝的父亲腓力二世改变了这种局面。他加强王权，改革币制，组建了一支能征善战的大军，靠着威名赫赫的马其顿方阵，马其顿王国成了希腊半岛的霸主。

腓力二世去世时，亚历山大大帝仅仅20岁。父亲的死让他处在虎狼环伺、危机四伏的生存环境中。但亚历山大大帝凭着自己的雄才大略和上天的眷顾，迅速扭转了局面。传说除了腓力二世这个英明神勇的生父，亚历山大大帝还有一个天神父亲——宙斯。亚历山大大帝的母亲奥林匹娅斯在新婚之夜，梦见自己被一道闪电击中，紧接着身上燃起了熊熊大火，火势凶猛，之后又骤然熄灭。后来，奥林匹娅斯十月怀胎，生下了亚历山大。她认定，亚历山大就来自那梦中的大火，她生下的是最高神宙斯在人间的儿子。

神话重复一千遍，就成了信仰。由于母亲的影响，亚历山大大帝也越来越笃信自己就是天神宙斯的儿子，理所应当地拥有所向披靡的力量和征服天下的胆魄。我们听听他说的话，就能感受到其中的霸气："山不走到我这里来，我就到它那里去。"

亚历山大在父亲死后立即登基，用雷霆手段镇压叛军，扫除政敌，加强了马其顿王国对希腊半岛的统治。紧接着，他又率领大军横扫西亚、中亚、北非，让古埃及、古巴比伦、古波斯、古印度这些辉煌的文明古国纷纷称臣。最终，他创建了横跨欧亚非三大洲、当时世界上领土面积最大的国家——亚历山大帝国。

亚历山大大帝的能征善战，加上他是宙斯人间之子的传说，让他威名远扬，以至于在他死后，这种震慑力依然不散。利西马科斯用亚历山大大帝头像打造钱币，最主要的目的就是利用亚历山大大帝的余威来巩固自己的政权。

为了将亚历山大大帝这个超级IP（具有长期生命力和价值的跨媒介内容运营）的力量用到极致，利西马科斯可谓煞费苦心。吕底亚钱币用了狮子和公牛的形象，大流克金币上的图案是一个弓箭手，而亚历山大大帝银币，用了亚历山大大帝本人的头像，又有代表最高神的公羊角，还有雅典娜、胜利女神。所有这些设计元素，无一不是在彰显"王权神授"理念，目的就是向人民传递一种赤裸裸的权威感：亚历山大大帝，是君主，是至高无上的神；而我，利西马科斯，延续了亚历山大大帝的统治，所以各位就在我的治下安分守己吧！

历史上利用钱币巩固自己统治的君王不止利西马科斯。很多统一了广阔疆域的帝王都通过改革币制，加强自己对国家的统治，其中就包括亚历山大大帝的父亲腓力二世。腓力二世在建成统一的马其顿王国后，为了巩固统治，促进马其顿和波斯、希腊的贸易往来，统一了货币，改革了币制，推行金银双本位制，规定金币采取阿提卡制，银币采取色雷斯制，鼓励国内工商业的发展。这样一来，马其顿的商人无论是和希腊人还是和波斯人做生意，都更加方便，贸易活动大大增加。

亚历山大大帝多姿多彩的故事，赋予了亚历山大大帝银币更多的历史价值。与此同时，它还具有超越时代的先进性。Joe手中的这枚打造于2000多年前的银币，除了因为手工打制而不是规则的圆形之外，与现代硬币已经很接近了。公元前4世纪末3世纪初的银币竟能如此先进，充分证明了古希腊经济的发达和货币的受欢迎程度。这一点，在古希腊先前几个世纪的发展进程中，就有迹可循了。

在公元前11世纪到公元前9世纪的荷马时代，古希腊人主要从事农业生产。但古希腊的土地情况并不乐观，柏拉图在《克里底亚篇》中曾经写道："所有肥沃松软的土壤都流失了，留给一个国家的只是皮和骨头。"可见当时古希腊耕地资源之匮乏。

穷则思变，古希腊人开始寻找新的出路。从公元前8世纪开始，新的赚钱方式出现了。希腊半岛海岸线长，岛屿多，城邦林立。手工业的兴起，再加上发达的造船业，使得地区间实现了物物交换。所以，依托海洋航路的手工业，就成了古希腊主要的经济模式。

同时，古希腊许多城邦开始大规模对外殖民，使殖民地和本邦的经济都得到了发展。另外，当时宽松的政治制度也是一个利好条件。债务奴隶制被废除，奴隶的人数减少，城邦农业经济中最活跃的因素——劳动力——得到了解放和保护。人们从事经济活动的积极性随之高涨。

在这三方面的共同作用下，古希腊的经济变得活络起来。

公元前6世纪，货币闪亮登场。古希腊的多个城邦开始打造货币，这是当时经济发展的一个重大进步。

货币让平民出身的人也有了积累财富的机会，而平民在积累一定的财富后，形成了一个没有贵族血统，但拥有财富的新贵阶层，打破了固有的阶级结构，商品经济愈加繁荣。当时，货币在许多希腊城邦里都受到了热烈欢迎，雅典就是一个非常典型的例子。雅典是一个高度货币化的社会，花钱购买服务对雅典人来说是司空见惯的事情，居民生活的方方面面都需要货币来调节。因此雅典也被称为"一座靠薪水拉动的城市"。

经历了前几百年的不断发展，到了公元前4世纪，也就是腓力二世统治马其顿期间，古希腊的经济迎来了一次新的发展浪潮。当时，腓力二世为了促进和波斯的贸易往来，改革币制，采用金银双本位制，鼓励国内工商业的发展。这样一来，马其顿商人和希腊其他城邦的人，以及波斯人做生意都更加方便快捷，极大地促进了贸易的发展。

经济的繁荣，为亚历山大大帝东征后的所向披靡奠定了基础。亚历山大大帝有两样制胜法宝，一样是刀剑，另一样就是金钱。亚历山大用钱币宣告权力交接，影响绵延了数千年，时至今日，英俊潇洒的亚历山大大帝仍然拥有大量的崇拜者。亚历山大帝国的钱币样式也被罗马帝国和帕提亚帝国所效仿。

古希腊经济发展之迅猛，令人惊叹。不过，如果将视线转向同一时期的东方，我们就会发现，当时的中国也不遑多让，同样处在一个商品经济繁荣的大时代。

早在春秋末期，中国工商业就得到了长足的发展，出现了不同形制的金属货币，比如刀币、布币等，并且这些货币是有固定价值的，这就跟商代铜贝有了本质上的区别，极大地方便了商业交易。到了公元前4世纪的战国时期，经济发展更进一步，出现了一批大商人和大富豪。

举个例子，战国时有个大商人叫白圭，他的师父是有名的鬼谷子。鬼谷子有一本"金书"，他将里面的致富之计传给了白圭。《汉书》里面把白圭定义为经营贸易的理论鼻祖。他主张商场如战场，要看准时机，有勇有谋，随机应变，既要稳，又要准，还得狠，这样才能立于不败之地。这样的经商理论在当时相当新潮，比春秋时子贡、范蠡的理论更先进，这也标志着战国的商业已经发展到了一个新的阶段。

人们通常把公元前8世纪到公元前2世纪称作"轴心时代"，这是人类文明的重大突破时期。在这个神奇的时代，全球同轴共振，各个文明都出现了伟大的思想导师——古希腊有苏格拉底、柏拉图、亚里士多德，以色列有犹太教的先知们，古印度有释迦牟尼，中国有孔子、老子等诸子百家。虽然相隔千山万水，各个文明却异曲同工，殊途同归。

在这样灿若星河的大文明时代，古希腊和中国的经济都在各自的轨道上飞速发展着。整个世界的历史就像一张巨大的河网，无法完全割裂，你那边正在经历着变革，我这边也正在跌宕曲折中滚滚向前，昼夜不息。

第纳尔银币：罗马的贪婪与盛衰

第纳尔银币是罗马共和国于公元前211年推出的通行货币。钱币正面的图案是罗马女神的头像，罗马女神就是希腊神话里战神雅典娜的罗马版；背面的图案是在战场上肆意疾驰的罗马骑兵。由于当时的罗马经常四方征战，所以这枚银币也象征着罗马人骁勇善战的信念，以及他们对胜利的渴望。

第纳尔银币的打造发行，要归功于罗马的四方征战。起初，罗马的白银矿产不多，没有办法大批量地打造银币。后来，罗马军团打败迦太基，占领了迦太基在西班牙的殖民地，得到了占领地的银矿。有了充足的白银供给，罗马这才有了大量打造银币的基础。公元前211年，罗马推行了全新的币制。在这次推行的货币体制中，罗马的货币分为上币、中币、下币，上币是金币，用于大额的金钱贸易和赏赐；下币是铜币，在穷人间和偏远的农村中流通；中币就是第纳尔银币，用于日常的商业流通，使用范围最广。

全新的币制推行以后，第纳尔银币随着罗马军团一起横扫了地中海沿岸。罗马军团每占领一个地方，首先做的就是控制那里的造币厂，只允许它们打造少量的小额货币，以方便小买卖和找零使用。没过多久，罗马造币厂就成了地中海地区最大的造币厂，其他地方的造币厂只有经过它的授权，才能在严格遵照罗马钱币规制的前提下生产银币。

第纳尔银币在国际贸易市场上的流通，使罗马发生了翻天覆地的变化。罗马本是一个以农业立国的生产型社会，第纳尔银币在国际贸易市场流通以后，各国的货物都涌入了罗马。在巨大的商业贸易刺激下，罗马的经济模式在很短的时间内，就从生产型变成了以工商业为主的消费型。

这些变化看上去很美，但实际上，因为罗马的财政崩溃，第纳尔银币遭遇了数次贬值。可以说，这枚钱币承载着罗马的兴盛与衰亡。

第纳尔银币第一次贬值是在罗马从共和国时代进入帝国时代以后，第一任皇帝奥古斯都把恺撒大帝在位时重达4.5克的第纳尔银币贬值到3.9克。奥古斯都为什么要这么做呢？这个时期的罗马发生了什么？

接下来，我们假设有一个生活在公元前1世纪的罗马农民，他叫盖乌斯。通过他的生活，我们来了解一下这个时期的罗马经济是如何一步步走下坡路的。

盖乌斯原是罗马军团中的一员，他长年在外征战，家里没人劳动，收入很不稳定。战争为罗马带回了大量奴隶，他们无偿承担了罗马城里的绝大部分的劳役，很多罗马军人退役后无事可做。为了缓和这种矛盾，罗马政府进行了军制改革，规定军人退役后可以得到一定的土地。由于盖乌斯在军队里表现不错，他在退役的时候得到了一大片土地。满怀期待的他在这片土地上种满了谷物，希望能有个好收成，多赚一点儿钱，过上安稳富足的日子。但是，身处乱世，普通百姓的期许不仅渺小，而且遥不可及。

罗马军团很快就在战争中打败了埃及和西西里。这两个地方特别适合粮食作物生长，在成为罗马的附属国以后，埃及和西西里生产出来的粮食就像水一样流入罗马。这些外来粮食颗粒饱满，价格便宜，很快就打败了罗马本地的粮食，成为罗马居民的第一选择。盖乌斯种出的粮食没有人买，价格也越来越低，最后只能亏本处理。

如果1克白银的价格是4元，那么在盖乌斯生活的年代，一枚第纳尔银币的价格相当于15元，而一亩田能带来的回报只有150元。种粮食无法让盖乌斯生存下去了，他把土地贱卖给权贵阶层，然后拿着那可怜的一点儿钱，去罗马城里谋生路。

可是很快，盖乌斯又失望了。因为罗马城并不像他想象的那样，只要他肯吃苦就能找到工作。一方面，这里的手工业还相当原始和粗陋，分工不精细，就业机会极少；另一方面，大量奴隶涌入，挤占了本就不多的工作机会。而那些生活优渥的富人，只知道奢侈享受，把银子都花在丝绸、香料、大鱼大肉上，帝国的货币外流到他国的口袋。最后，没有工作的盖乌斯只能流落街头，靠政府的救济勉强度日。

政府为了维持罗马城的表面稳定，还要向20万罗马公民免费提供食物，以至于不得不每年从埃及输入15万吨谷物。逢年过节还要请那些没有工作的公民看大戏，仅此一项"娱乐费"就需耗费数千万第纳尔，"维稳费用"成为政府的另一项沉重的财政负担。但是，如果停止免费供应，第二天罗马城就会有好几十万无产无业的游民起来暴动。从奥古斯都开始的免费粮食制度一直维持到罗马帝国灭亡。

盖乌斯也是这接受救济大军中的一员。但是，盖乌斯是个闲不住的年轻人，他很快就厌倦了这种生活，他希望能通过自己的劳动创造价值，而不是像废物一样整天除了吃就是睡，除了看戏就是去找政府要饭。于是，盖乌斯和其他年轻人一样，重新回到了军队。在军队，他们对政府和权贵阶层的不满像病毒一样四处传染，而罗马的贵族和富人却一点儿也没有察觉到，他们依旧穷奢极欲，不舍昼夜。

罗马贵族和富人的奢靡生活，越来越放纵的欲望严重地影响了罗马的经济。首先，很多能赚钱的新兴行业应运而生，比如养殖业。富人们喜欢在家里养鸟、狗、孔雀，罗马的大地主们就投其所好，放弃农作物种植，改为大力发展畜牧养殖。瓦罗在《论农业》一书中提到，在当时的罗马，如果养100只雌孔雀，仅仅是卖孔雀蛋，一年都能赚1500第纳尔。

其次，加深了社会财富的分裂程度。比如，当时罗马的超级富豪克拉苏，一个人拥有的地产价值就高达4亿第纳尔。4亿第纳尔相当于现在的400万到500万吨小麦的价值。英国17世纪的首富，身家大概也只相当于2.1万到4.2万吨小麦的价值。靠种田发家的超级富豪克拉苏就豪气地说过：一个真正富有的人，绝对有能力用自己的钱养一个2000～4500人规模的军团。在当时，养一个罗马军团一年的花销，大致是150万第纳尔。这点钱对于克拉苏的财产来说，简直是九牛一毛。克拉苏是真正的财大气粗，毕竟他是帮恺撒大帝还过钱的人。罗马帝国的第一任皇帝奥古斯都了解到这一切后，终于意识到，必须要改变现状了。他把目光对准了权贵阶层，他们已经逃了150年的税，早该出出血了。于是，他不顾罗马权贵的反对，强行改革税法，提高对这些权贵的税收，然后用这些钱去养军队和公务员。充足的军费养肥了罗马大军，奥古斯都趁机发动战争，抢掠来黄金白银，继续大量打造钱币。同时，奥古斯都下令把第纳尔银币的重量从4.5克降到3.9克，这样就抬高了货币的实用价值，钱可以花得更久了，也增加了国库的收入。他的这种做法为后来的皇帝开了一个不好的先例。在他之后，皇帝只要一遇到国库吃紧、财政收支不平衡，就会在第纳尔银币的含银量上大做文章。公元117年，图拉真把第纳尔银币的含银量从奥古斯都时期的95%降到85%。本来他试图通过战争，从多瑙河流域和美索不达米亚平原抢到一些金矿、银矿来补充国库，但是谁承想"偷鸡不成蚀把米"，战争反过来拖垮了国内经济，他的政权岌岌可危。

　　图拉真之后，罗马帝国在安东尼的统治下有过鼎盛时期。但是，他的继位者马可·奥勒留在位期间，罗马帝国在公元167年遭遇了严重的财政危机。因为战争带来的瘟疫，造成罗马人大量死亡。没有人，就没有税收；没有税收，政府就没有钱。就这么熬了几年，到了公元180年，奥勒留终于熬不住了，一声令下，将第纳尔银币的含银量从85%降到了75%。

马可·奥勒留死后不到35年，罗马帝国的财政又临近崩溃的边缘。当时的皇帝卡拉卡拉穷兵黩武，耗光了国库。估计这时候再在第纳尔银币上做文章也无济于事。公元215年，卡拉卡拉发行了一种新的银币——安敦尼币。他挥舞着大棒，直接淘汰了第纳尔银币。结果，罗马爆发了严重的通货膨胀。人们的日子越发艰难，对政府的仇恨和不满越积越深。

与中国历史进行对照，我们会发现，秦二世时也是采取了如出一辙的愚蠢操作，发行不足半两的"轻钱"，引得民怨沸腾，叛乱四起。

深究罗马帝国的由盛及衰，我们发现，贪婪是因，毁灭是果。如果罗马的权贵阶层和富人集团见微知著，不再无限制地兼并农民的土地以满足自己的私欲，那么罗马的农业不会崩溃，帝国的根基也不会动摇；如果罗马的统治者在侵略战争中适可而止，不以战争掠夺来充实财政，而是立足本国的商业发展，那么人民富裕了，帝国也可以走得更久远——但历史没有如果。

第二章

丝绸之路开启的经济大融合

中国篇

五铢钱:"富商大贾周流天下"的汉兴时代

王朝更迭,钱币换代,秦半两落寞退场,新生货币登上了历史舞台,崭新的货币制度使秦朝时被苛捐杂税压得翻不了身的百姓终于得以喘息。在几代帝王的励精图治之下,西汉经济得到发展,中国历史迎来了真正的汉兴时代。有一种钱币为此立下了汗马功劳,它就是五铢钱。

五铢钱最早发行于汉武帝元狩五年(公元前118年),它以"长寿"闻名钱币界,因为它流通长达739年。五铢钱中最有代表性,也是最重要的,就是元狩五铢。元狩五铢在外观上延续了秦半两圆形方孔的样式,直径2.5厘米左右,钱文为小篆体书写的"五铢"二字。

五铢钱的材质是青铜,是铜与锡、铅的合金。与秦半两相比,五铢钱的材质更好,色泽更艳,这是它的推陈出新之处。它也承袭了秦半两的很多特点,最明显的就是圆形方孔的样式;除此之外,它也像秦半两一样,钱文用小篆书写,秦半两的钱文是"半两"二字,五铢钱的钱文则是"五铢"二字。这里的"铢"和

"两"一样,都是重量单位,古代24铢为1两。秦半两和五铢钱都是"计重钱币",也是中国古代铢两制货币的主流。

五铢钱与秦半两相似之处很多,那么,它是紧随秦半两之后铸造的钱币吗?不是。五铢钱的诞生一波三折,在秦半两和五铢钱之间,还有好几个不成熟的过渡者,它们也曾想在钱币界浑水摸鱼,登上霸主之位,但都没有成功。下面让我们来追溯一下西汉初年的历史。

公元前202年,刘邦称帝,定国号为"汉"。此时,经历了数年乱世纷争,民生凋敝,正是"待从头,收拾旧山河"之时。刘邦认为,秦朝虽亡,但秦的很多制度不仅正确而且必要。所以,刘邦在统治的初期,乐享其成,沿用了很多秦朝的制度,秦半两也存续了下来。但是,秦半两有半两重,也就是12铢,在实际使用的时候非常不方便。货币毕竟是流通工具,便携性十分重要。刘邦看老百姓使用秦半两的时候有很多的不方便,他就放开了民间铸钱。这本意虽好,却打开了潘多拉的魔盒。

前文我们说到过,罗马帝国曾经多次自上而下,在货币的重量和含银量上偷工减料,西汉初年也有同样的问题,但不是自上而下,而是祸起民间。据《汉书·食货志》记载,汉高祖的时候,民间铸榆荚钱的行为屡见不鲜,榆荚就是榆钱,可见这种钱币又轻又薄。有史料称,榆荚钱只有3铢重,有的甚至只有1铢重,但它们都被称为"榆荚半两",通通当作半两使用。秦始皇花大力气统一的货币体制,又陷入了混乱。当时,买一石米需要一万钱,买一匹马要黄金百斤,可见汉初市场上通货膨胀之严重。

为了抑制通货膨胀，汉朝统治者的做法是"头痛医头，脚痛医脚"，他们开始打压商人，限制钱币流通。汉高祖刘邦"令贾人不得衣丝乘车"，而且"重租税"，以此限制商人的日常生活。到了汉惠帝和吕后专权之时，"复弛商贾之律"，对商贾政策有所松动，但是依然下令"市井之子孙亦不得仕宦为吏"，断了商人子孙当官的路。

但是，打压商人并不能从根本上解决通货膨胀的问题，毕竟不能把所有的责任都推给商人。汉高祖刘邦是乱世英豪，文景之治更是广受赞誉，但是他们对货币的疏于管理，是他们统治上的巨大漏洞。民间铸币的不规范，导致钱币大小、轻重不一，币制十分混乱，金融动荡不安，国家财政大受影响，权贵们富可敌国，这与窘困的中央财政形成了鲜明对比。

汉后元三年（公元前141年），汉武帝刘彻登基。汉武帝功绩斐然：在文化上，罢黜百家，独尊儒术；在军事上，大败匈奴，开拓了汉朝最大的版图。后世人常将秦始皇与汉武帝并称为"秦皇汉武"，可见汉武帝在中国历史上的地位之高。不仅如此，汉武帝还是一个重视币制的明君。为了恢复民生，增加财政收入，削弱富商大贾的势力，消除第二个"七国之乱"发生的可能性，汉武帝先后进行了六次币制改革，五铢钱就诞生于第四次货币改革之时。

汉武帝之所以进行第一次币制改革，是因为当时的钱币名不副实的情况非常严重，民间所称的半两钱明明是四铢，却非要打着半两的旗号。为了治理这种乱象，汉武帝推出了三铢钱，并使铸币的实际价值与法定重量恢复一致。

但是三铢钱的铸行没有取得预想中的效果，汉武帝进行了第二次币制改革。在这次改革中，他罢三铢，推出武帝半两。但是，因为连年征战，耗尽了文景时期积累的财富，造成国库空虚，"县官大空"的局面。

于是，汉武帝进行了第三次币制改革，再次推出了三铢钱，这次他推行了白鹿皮币和白金三品，专门供王侯宗室向朝廷进贡时使用，为的就是借机剥夺权贵的财富，增加中央的财政收入，而且这次汉武帝下了严律，私铸钱币者死。但是，由于动作太大，这次改革没能从根本上遏制民间铸钱，币值较高的白金三品的推行反而刺激了民间盗铸的行为。《史记》中写道："吏民之盗铸白金者不可胜数。"

前三次币制改革失败之后，汉武帝依然不死心。仅过了一年，在元狩五年（公元前118年），汉武帝进行了第四次币制改革，这一次改革的重心，就是推出汉五铢钱，史称"元狩五铢"。之前的那些货币，例如三铢钱、半两钱等均被废除，五铢钱成为汉朝唯一的货币。五铢钱刚一面世，便改善了令汉王朝头痛不已的盗铸、私铸钱币的问题。推行五铢钱之前，钱币盗铸者常用的盗铸方式是对钱币进行研磨，用磨下来的铜屑再铸新钱。五铢钱加了一个边郭（古钱币最外缘的部分）的设计，边郭使得盗铸者难以在不损伤钱币的情况下磨取铜屑。防伪做得巧，君王睡得好。五铢钱的推行为汉朝的经济带来了一缕新风。

不过，这高枕无忧、岁月静好的日子没有持续太久。很快，五铢钱便被劣币推入了泥潭。当时西汉王朝实行的是郡国并行制，中央政府将铸币权给了各个郡国，这些郡国的王侯为了使自己的利益最大化，在铸造五铢钱的时候偷工减料，重量根本达不到规定的五铢，钱币越来越轻，越来越糙。劣币驱逐良币这一定理，便发生在了五铢钱身上。

于是，汉武帝开始了第五次币制改革。这一次，他命令京师中的钟官，也就是铸钱官，采用赤铜铸造一种全新的五铢钱，这一批五铢钱被称为"赤侧五铢"。赤侧五铢质量上乘，铸造的工艺很高，一枚赤侧五铢的价值等同于五枚元狩五铢。汉武帝还要求国家征收赋税必须收取这种钱，这在一定程度上挽救了经济，但还是治标不治本，因为货币的铸造权还在郡国手中，日子一长，工艺被琢磨透了，盗铸的现象又发生了。

终于，最重磅的第六次币制改革来了。汉元鼎四年（公元前113年），汉武帝下令汉朝的钱币皆由上林三官铸造，而这一批次的钱被称为"三官五铢"。从此，"天下非三官钱不得行，诸郡国所前铸钱皆废销之"。自此，汉武帝收回了郡国手中的铸币权，使得上林三官成为五铢钱唯一的铸造和发行机构。

在这一波三折的币制改革之后，五铢钱的地位彻底稳固下来，困扰西汉金融多年的私铸、盗铸钱币问题得以解决。

中国古代最长寿的钱币——五铢钱的诞生，以及曲折的六次币制改革，之所以会如此坎坷，就是因为钱币牵一发而动全身的敏感地位。因为汉武帝意识到钱币统一的重要性，所以他促成了这一次次币制改革。使五铢钱得以诞生的，还有一位幕后的大功臣，他就是西汉历史上杰出的经济学家——桑弘羊。

桑弘羊出生在洛阳一个商人家庭，入官之后深得汉武帝信任，掌管西汉财政大权长达30余年。汉朝承袭了秦朝士农工商的等级分化和重农抑商的经济政策，但秦朝经济相对低迷，西汉却是一派"富商大贾周流天下"的繁荣景象，这都要归功于桑弘羊。

桑弘羊的经济思想沿袭了《管子》的经济理论，同时又有所创新和发展。他公开提出"富国非一道"和"富国何必用本农"等观点，立足于重商，主张大力发展商业和贸易往来。他非常明确地指出，商业也是经济的一部分，通商、贸易、买卖等都可以促进国家的发展，这些理论深深地影响了汉武帝的经济政策。

桑弘羊的另一大成就，就是大力提倡建立统一、健全的货币制度。于是元狩五铢钱、上林三官五铢钱应运而生。统一将铸币大权收归国家，将铸币权牢牢掌握在中央手中，这就是中央集权思想在货币和经济上的体现。五铢钱体制的建立，标志着西汉币制改革的成功。

除了在财政经济方面的远见卓识，桑弘羊还自带一股镇定无畏的气场和舌灿莲花的口才，这在盐铁会议上表露无遗。

西汉前期，铸币权分散，中央与各郡国之间明争暗斗。铸币权收归中央以后，那些地方势力当然不会甘心。汉武帝在世时，他们不敢闹腾；汉武帝去世后，他们便蛊惑各地的儒者公然反对朝廷的经济政策。为此，作为汉朝经济政策制定人的桑弘羊，与这些反对者之间展开了一场别开生面的辩论会——盐铁会议。这场会议被记录在案,便是著名的《盐铁论》。

反对者多是来自郡国的儒生,他们在会议中大讲道德,大说仁义,忌言"货利",一味地厚古薄今。他们说,自从有了货币以后,民俗变得虚伪了,货币越是演变,弃本逐末的人就越多。在他们的心目中,货币、商业全都是伤害农业的坏东西,那些货币改革手段不会善终。同时,他们还大肆抨击汉武帝废除各郡国的铸币权,统一发行五铢钱这一制度。这些儒生并不懂经济,他们实际上就是各郡国的代言人,他们的目的便是帮助郡国从中央要回铸币权,因为地方势力在钱文混乱、物价波动中有利可图。

桑弘羊作为大汉的首席财政官,自然一眼便看穿了郡国势力的小心思,他一一驳斥,舌战群儒,明确向各个郡国传达了中央的指令,那便是五铢钱不可废,铸币权也不会给他们。因为,只有货币市场稳定了,商业贸易才可以正常进行,大汉的稳定才能维持下去。

桑弘羊一直以来的坚定和果敢,使得西汉货币币值稳定,国库充盈,这为汉武帝的统治提供了强大的助力。

没有币制的统一,就没有货币的稳定。五铢钱对币制统一和货币稳定都有着重要的意义。由此我们可知,桑弘羊提出的"重商""富国非一道"和"统一"观念——认为"统一,则民不二也;币由上,则民不疑也"——这两点就是汉朝和秦朝在经济政策方面本质的不同,这也就解释了为什么同样都在规范货币,进行币制改革,秦朝经济一直未能发展,而汉代则开启了融合之势,打开了亚非欧连接的窗口,开启了丝绸之路的征程,从而使得汉朝的经济迅速发展。

汉朝初期,常年受到北方匈奴的进犯。汉武帝即位之后,决定要一劳永逸地解决掉这个麻烦。于是,建元二年(公元前139年),他派张骞出使西域,联络大月氏共同围攻匈奴,这次的联盟邀请虽然以失败告终,但是张骞所记录下来的西域诸国的地理、政体、民俗、语言等资料,都是极其珍贵的。根据张骞的情报,汉军先是夺取了河西走廊,控制了西域地区,然后开始对匈奴的领地不断地进行蚕食,终于在近十年的征战后将匈奴彻底击溃。

正如我一直所讲的,政治、军事、经济、文化之间有着密不可分的关系。匈奴之患的解决,在很大程度上就是因为币制改革的助力。汉武帝改革币制不只是为了民生经济,也为了从权贵的兜里拿钱,让国库充盈。国库充盈了,才能有钱去打仗,维护国家的稳定安宁。大败匈奴之后,"张骞出使西域"这一军事行为,在客观上促成了汉朝与西方在经济和文化上的交融。张骞曾经走过的路,成了一条横跨欧亚大陆的交通要道,"丝绸之路"由此诞生。

"丝绸之路"这个概念,最早是德国的地理学家费迪南·冯·李希霍芬于1877年提出来的。它以这条贸易之路上最主要的产品丝绸来命名。在汉朝的时候,丝绸也曾经被当作货币的一种,它与钱币、粮食一样可以用来支付军饷,这也从侧面证明了丝绸的重要地位。在丝绸之路上,由于各国的钱币种类不一,对于各国的商人来说,丝绸反而是一种更值得信赖的流通介质。

因此，丝绸也是丝绸之路上最主要的国际货币之一。

开通丝绸之路后，汉武帝多次派出使者去考察西方诸国，记录下了印度、波斯和中亚地区的历史、经济、军事、民风等。同时，汉朝和外界的贸易交流也沿着丝绸之路逐步开展。汉王朝与丝绸之路沿线各国的通商和贸易交流增多，这大大推动了汉朝经济的发展。

商业联络也直接推动了丝绸之路沿线地区间的物质性联结。在这一时期，印度最先种植的棉花、甘蔗和饲养的鸡传到了中原和西欧。中原人也吃到了来自西域的葡萄、苜蓿、细香葱、黄瓜、无花果、芝麻、石榴、核桃等；与此同时，中原的橘树、桃树、梨树、牡丹花、杜鹃花、山茶、菊花等，也传到了欧亚其他地区。欧亚各地区相互影响，相互得利，这都得益于丝绸之路的开通。

朝代更替，天下分合。即使现行钱币对经济有着良好的推动作用，但是也难免因政策更迭和统治者的交替而发生翻天覆地的变化。西汉末年，王莽改制，新政实施，致使五铢钱在一段时间内被弃用，而王莽的改革也将使中国的币制体系再一次发生巨变。这些变化有哪些有意思的地方呢？王莽钱币为何会高调开始，却低调落幕？让我留待后文细说。

王莽钱币：一场儒生的理想主义实验

汉武帝将铸币权收回中央，使当时混乱的币制得以整顿，而汉昭帝和汉宣帝实行的休养生息政策，使西汉的经济得到了平稳的发展。据记载，汉元帝时，国库里的钱已经达到80多万万。但盛极必衰，自古不变，无论是升斗小民，还是皇皇帝国都无法避免。

西汉末期，政权日趋腐败，土地问题更加严重，农民流离失所，谷价上涨，百物昂贵，货币和物价成为当时迫在眉睫的问题。王莽钱币就是在这种背景下产生的。王莽钱币其实不是具体的某一种货币，而是由王莽主导的四次币制改革所发行的一系列钱币的总称。

王莽本是西汉大臣，最后却篡夺了刘姓江山，建立了"新莽政权"，这也坐实了他犯上作乱、篡位窃国的罪名。大多数人对王莽的了解到此为止，但王莽的故事还有很多。

王莽生于初元四年（公元前45年），是西汉外戚王氏家族的后代，他的姑姑王政君是汉元帝的皇后。王莽少年时，其父兄先后去世，他自然受到姑姑特别的怜爱。虽然出身显赫，但王莽身上却少有官二代的纨绔之气。他生活简朴，谦恭好学，孝顺父母，友爱同窗，简直就是街坊邻里常常挂在嘴边的"别人家的孩子"，也因此声名远扬。

汉成帝的时候，因为王莽在他的伯父大将军王凤生病时，对其无微不至地照顾，让他的伯父甚为感动。王凤因此在临死前把王莽推荐给朝廷。由此，王莽走入仕途。这样的一个好后生，人们见了都很喜欢。王莽入仕后小心翼翼，简朴清廉，保持低调，甚至散尽自己的钱财，接济平民和穷人，一时间王莽的声名响彻民间。就这样，王莽仕途走得很顺，仅仅38岁就登上了大司马的高位，权倾朝野。

身居高位后，王莽的野心一点点地暴露了出来。在汉成帝刘骜和汉哀帝刘欣相继驾崩后，王莽独断专行，立汉哀帝的堂弟，年仅9岁的刘衎为帝，是为汉平帝。刘衎只当了几年皇帝，就病死了。于是，王莽又挑选了年仅两岁的刘婴作为皇太子，他则被称为"摄皇帝"，以周朝时期辅佐周成王摄政的周公自居。此时王莽51岁，值公元6年，改元为居摄元年。

这时候的王莽不仅完全掌控了朝政大权，出入排场也如同皇帝一般。但王莽当然不满足于"摄皇帝"的称号，初始元年（公元8年）年底，他终于按捺不住当真皇帝的野心，改国号为"新"，称自己为新始祖高皇帝。至此，立国210年的西汉帝国灭亡了。

王莽当上皇帝后，迫不及待地进行了一系列的改革，史称

"王莽改制"。这些改革涉及从中央到地方,从土地到对外政策等方方面面,而币制改革是其中的重要内容,也是中国历史上频率最高、内容最为复杂烦琐的改革之一。

王莽的钱币改革思路与之前的帝王完全不同,之前的帝王进行的币制改革都是为了结束混乱,实行统一,因而改革后的货币形态基本一样,最多是大小、成分不同。而王莽却反其道而行之,他改革后的钱币,种类繁多,形态各异,恍若回到了钱币初始的上古年代。

居摄二年(公元7年),王莽便开始了第一次币制改革。他铸造了大泉五十、契刀五百和金错刀(即一刀平五千)这三种货币,让它们与五铢钱一起流通。大泉五十的形制是外圆内方,一枚大泉五十的价值相当于五十枚五铢钱。契刀五百与金错刀形制相同,都分为圆柄和刀身两部分,只是契刀五百的钱文为阳刻,是凸起来的,而金错刀上的"一刀"二字为阴刻,然后再用黄金错镂而成。

大泉五十、契刀五百、金错刀形态各异,铜币、刀币共行。要知道从秦半两到汉五铢钱,刀币早已经退出历史舞台,圆形方孔币逐渐成为主流,而王莽第一次币制改革就让刀币重回江湖。

王莽认为这些大额钱币符合古代"子母相权"的遗意,而实际上,这些虚价货币的发行,根本不符合流通界的客观需要,完全是靠政治强力推行的。虚价货币的流通,也引起了私铸的盛行,汉武帝以来健全的五铢钱制便遭到了破坏。

但王莽没有就此罢手,建立新朝不久,他便开始了第二次币制改革，这时他第一次币制改革刚刚过去两年。对此，有一种解释是，王莽建立新朝后，对"刘"字十分反感，"刘"的繁体字为"卯、金、刀"三个偏旁部首组成，而五铢的"铢"字从金字旁，所以他才废掉了五铢，连他自己亲手推行的契刀五百和金错刀都一并废除了，因为"刘"字里也包含"刀"字。不仅如此，因为"钱"这个字里也有一个金字旁，他索性就连"钱"这个称呼也废了；因为古音"泉"和"钱"相通，货币跟泉水一样自由流动，所以王莽就以"泉"代"钱"，来称呼钱币。这次改革彻底废除了五铢钱，重新铸行了和五铢钱等价的小钱。

但这次改革还是没有让王莽满意。因此，刚刚进行完第二次货币改革的次年，王莽又进行了第三次币制改革，这可谓是他实行的最荒唐的一次币制改革。这次币制改革，王莽推行了宝货制。

宝货制包括的货币种类共有五物、六名、二十八品，其内容可谓五花八门，堪称世界货币史上绝无仅有的奇景。"五物"是指金、银、铜、龟、贝这五种币材；"六名"是指货币的六个总名，包括银货、龟宝、贝货、泉货、布货及黄金；"二十八品"是指币值分二十八个等级，具体为金货一品、银货二品、龟宝四品、贝货五品、泉货六品、布货十品。所以，这次改革相当于让几十种货币同时流通，各种古代货币集体"复活"，多种货币之间的兑换体系纷繁复杂。

宝货制颁行以后，"百姓愦乱，其货不行"，民生陷入困扰，商品没法流通，造成了大规模的市场混乱，人们只能继续用五铢钱进行交易。王莽得知后大怒，于是用刑罚强制百姓接受新制。这时候，他的统治阶级本质就彻底暴露了。

其实，王莽的每一次币制改革都在削减钱币重量，升高币值，这实质上就是在剥削普通民众的财富。此时，王莽正在筹备对匈奴的大规模战争，自然需要大量经费，所以才加紧搜刮民间财富，不肯废除宝货制。后来，私用五铢钱的行为屡禁不止，王莽不得不让步，只好从简，只留下小泉直一和大泉五十。就算这样，王莽还没有死心，仍然醉心于古代的货币制度。不久后，他又进行了一次币制改革。

天凤元年（公元14年），王莽开始了第四次币制改革。他放弃了大泉和小泉，改铸货泉和货布。货泉，是一种圆形方孔、重五铢的铜币，价值为一。而货布，形似古代的布币，重二十五铢，价值二十五。这次改制相比前一次要简化得多。但短短七年，四次货币制度的大改革，民众如何受得了呢？货币的本质是信用的建立，因此一个国家信用破灭的基本标志就是货币体系的瘫痪。而处于货币体系瘫痪状态中的民众会做什么？只能揭竿而起。

地皇四年（公元23年），起义军攻破了长安城，王莽被杀，他一手创建的新朝，伴同他搜刮的六十匮黄金，都落入起义军手中。至此，存在了15年的新莽政权寿终正寝了。

短短几年，王莽多次进行币制改革，朝令夕改，好似一出出闹剧。王莽即帝位前，本是一位饱读诗书、谦恭有礼的翩翩君子，儒家思想在他身上刻下了深刻的烙印，而一个深受儒家思想影响的人，往往是一个复古主义者。儒家的创始人孔子就是一个不折不扣的复古主义者,他一生的梦想就是恢复周礼。王莽机械刻板地将其复古梦想付诸实践,梦回三代之治。

因此,我认同一些货币学家和历史学家的看法:王莽登上皇位,就是为了实现自己心中的理想。他推行的一系列改革,说明当皇帝不是他的最终目标,复古改制才是。由此观之,他可能跟杨广一样,只是活在自我的想象空间中,完全不顾现实。

无论初衷为何,王莽改制终究是失败了。一个重要的原因,就在于他对货币的本质、职能认识不清,违背了客观经济规律。王莽根本不懂经济,他一心想实现自己的政治抱负,货币制度朝秦暮楚,政策没有延续性,严重地压抑了经济的发展,扰乱了市场秩序,让老百姓苦不堪言。并且,烦琐的货币体系也让货币的使用难度大大增加,极其不利于货币流通。王莽强行推进币制改革的进程,最后自然会导致社会矛盾激化,政权统治不稳。总之,王莽的币制改革就像是一次"完美"的错误示范。

尽管从经济学角度看,王莽钱币以失败收场,但单纯从钱币角度看,王莽绝对是铸钱高手。王莽钱币是中国历史上最漂亮的钱币,制作严谨,枚枚是精品,钱形上推陈出新,币文采用华丽的悬针篆体,在工艺上达到了中国古代铸钱的一个高峰。在目前的收藏市场,王莽钱币更是被收藏家青睐,价格一路高涨。比如,金错刀是中国最早使用,也是唯一用错金工艺制成的钱币。由于它制作精美,造型奇特,且存世稀少,故为钱币收藏者所珍爱。除了金错刀,王莽发行的契刀、壮布、幼布、空首布、第布等,也都是万元或几千元一枚也难以求得的。而造型奇特的"国宝金匮直万"钱是当今最稀有的古钱之一，存世仅两枚，价值无法估量。

当然，这是对于钱币收藏家的、能用"钱币"来衡量的价值。而在这些古老的钱币中凝固的历史，才是无法估量的、属于全人类的价值。

小钱：货币大混乱的开端

前文写到，王莽扛着复古大旗，进行了轰轰烈烈的币制改革，但是这种文人式的情怀和梦想，脱离了经济规律和市场现实，注定会失败。王莽之后，刘秀建东汉，重新统一了货币制度。然而，东汉的气数不长，皇权式微，宦官和外戚轮番专权，最终狼烟四起。三国鼎立，又是数十年的混战。从东汉末年，到三国时期，货币界你方唱罢我登场。本节就从一枚三国纷争前的货币开始讲起，它就是小钱。

小钱，是汉献帝初平元年（公元190年）董卓下令铸造的钱币。小钱的表面没有任何文字和图案，钱币的四周也没有外郭，就连它的大小、轻重、厚薄，都没有一个统一的标准。现存的小钱里面，最小最轻的一枚，重量只有0.3克，直径只有1.1厘米。我们都知道，货币要由国家权力背书，由皇帝下令铸造，董卓并不是皇帝，他何来资格铸造小钱呢？

董卓出身草莽，最早只是汉灵帝派到凉州去驻守边疆的一个将领。在长期和凉州附近的羌人作战过程中，董卓屡打胜仗，渐渐从将领做到了并州刺史的高位。后来，东汉朝廷动荡，宦官专权，外戚何进就想找机会"清君侧"，他把手握重兵的董卓请到洛阳，希望借助董卓之手诛杀宦官。没承想，董卓还没到洛阳，何进就被宦官张让诱杀。很快，袁绍带兵攻入洛阳，团灭张让及其余党，一举掌握了朝廷大权。

之后，董卓率兵进入洛阳，赶走袁绍。一向不服朝廷管教的董卓，在见识到东汉政府的腐朽无能之后，动了别的心思。他先是掌控了之前被何进和他弟弟何苗统领的禁军，然后收买了吕布，接着又废黜了何太后的儿子汉少帝，改立年仅9岁的陈留王刘协为皇帝，这就是汉献帝。汉献帝的母亲王美人，很早就被何太后毒死了，汉献帝是被董太后养大的，而董太后的死又和何太后有着千丝万缕的关系。因此，当董卓要毒杀何太后的时候，汉献帝是没什么反应的。何太后死后，董卓彻底掌握了东汉的朝廷大权，东汉名存实亡，董卓无皇帝之名，却有皇帝之实。

不过，董卓的好日子也没有过多久。在他掌权的第二年，袁绍就率军北上讨伐他。董卓一边抵抗一边下令把都城从洛阳迁到长安。从此，中国历史陷入了长期的军阀混战状态，三国争雄拉开帷幕，这也埋下了发行小钱的引子。

董卓迁都，肯定不是件容易的事儿。为了募集迁都的资金，董卓一不做二不休，找借口把洛阳城里的富豪全部处死，没收了他们的家产。此外，他还让吕布挖坟盗墓，搜罗地下的金银珠宝。董卓强迫洛阳的所有官员和百姓一起迁到长安。他怕他们逃回洛阳，就干脆把洛阳城和周围两百里内的宫殿、宗庙、大宅子全部烧毁。董卓任由自己手下的士兵烧杀抢劫，胡作非为，一时间，哀鸿遍野，民不聊生，经济形势惨不忍睹。

黔驴技穷的董卓，只得走出最下下策的一步——下令收缴正在流通的五铢钱及各类铜制品，将它们回炉冶炼，铸造小钱。

董卓毁五铢而改铸小钱，是我国历史上第一次公开的、明目张胆的钱币减重运动。跟董卓比起来，之前的秦二世简直就是小巫见大巫。小钱发行不久，就引起了通货膨胀，粮价飞涨，百姓手里的小钱越来越不值钱，市场交易退回到了物物交换的方式。于是，一种新的经济形式——坞堡经济成了主流。坞堡是一种民间防卫性建筑，坞堡经济就是在坞堡中产生的自给自足的自然经济。

坞堡产生于西汉末。当时社会动荡，大地主们为了保护财产和生命安全，纷纷修建自己的坞堡。到了王莽末年，连年的灾荒，再加上风起云涌的农民起义，导致坞堡越建越多。直到东汉建立，天下初定，光武帝为了加强中央集权，下令摧毁坞堡，但还是保留了相当的一部分。

《盐铁论》里记载，坞堡的百姓依靠中国传统的自给自足方式，进行生产、生活，经济基础完全可以满足坞堡内部的生活供给。只不过大家都是各自为营，坞堡和坞堡之间的经济联系十分薄弱。

董卓就曾经在自己的封地修建坞堡。《后汉书·董卓列传》里说，董卓的坞堡里面存放了大量的财物，粮食储备足够30年使用。用董卓自己的话来说，如果他打败反董联军，就能坐拥天下；

如果失败，还可以退守自己的坞堡，自给自足，温饱终老。作为个体的坞堡经济的发达程度可见一斑。

坞堡经济的兴盛反衬了货币的软弱无能，再加上此起彼伏的战乱，小钱的通货膨胀达到了登峰造极的地步，比如，一百斤粮食的价格从几万钱涨到了五十万钱。

建安十三年（公元208年），在流通了18年后，小钱终于被曹操废止。建安二十五年（公元220年），曹丕代汉称帝。第二年，刘备在成都称帝。魏明帝太和三年（公元229年），孙权在武昌称帝。从此，中国进入三国鼎立时期。这个时期，商品经济除了在某些地区和某些时段出现过短暂复苏以外，基本上没有恢复到两汉时期的水平。钱币的流通和使用也处于萧条状态，远远不能和两汉时期相比。

政治上的分裂，导致三国时期的货币制度也随之分裂。首先是曹魏，魏黄初二年（公元221年），魏文帝曹丕明令废止五铢钱，让人们用谷帛交易。政策实施不久，弊端立显。有些不良商人通过把谷物打湿、把布帛织薄的方式来牟利，直接扰乱了市场。因此，仅仅六年后，曹魏地区就恢复了五铢钱的流通，从那以后一直沿用五铢钱制度。

曹魏是比较重视货币和经济的。蜀汉和东吴则不同，它们从建立到灭亡，一直都没有建立统一的货币制度。先说蜀汉。刘备攻下四川后，想把房产和田地分封给同生共死的将军，但赵云提出应该把房产和田地还给百姓，让百姓安居乐业，这样才能得民心。刘备听从了赵云的意见。只不过，府库的钱财还是被将军们瓜分了。所以,刘备拿下四川之后,手中几乎无钱。于是,他手下的刘巴出了一个"馊主意"。《资治通鉴》中记载:"军用不足,备甚忧之。(刘)巴曰:'易耳。但当铸直百钱,平诸物贾,令吏为官市。'备从之。数月之间,府库充实。"

直百钱,就是百元面值的货币,现当代知名经济史学家彭信威认为:刘蜀有两种直百钱,第一种是直百五铢,第二种是直百铜钱。第二种大概是由第一种演变而来的,最大的只有四铢重,后来越变越小,每枚不到半铢。

直百钱这种大面值的虚币,官府认可,但是民间就很难说了。直百五铢和直百铜钱,无论是大小还是轻重,都不一样。直百五铢的直径比较大,大概有2.8厘米,重9.5克。而直百铜钱还不到3克。这两种钱币在四川、云南以及长江以南的一些地方都流通过。

我们再来看东吴。东吴在吴大帝嘉禾五年(公元236年)铸造大泉五百,两年后又开始铸造面值比较大的大泉当千。八年后,大泉当千停用,被官府回收。从近几年出土的东吴钱币可以看出,它们的重量也不统一,有的重达10克,有的却只有3.5克。

曹魏咸熙二年(公元265年),西晋建立,一直到东晋南渡,政府都没有铸造新钱。南北朝延续了三国时期的动荡局面,就更不可能统一货币了。这种情况延续了几百年,甚至到了唐朝初期,在偏远地区,人们在进行商品交换的时候,还有人一半支付铜钱,一半支付布帛。

由此我们可以看出,一枚钱币,不仅反映着一个国家的经济状况，还承载这个国家的兴盛与衰亡。董卓发行的小钱之所以会和秦二世发行的轻钱一样，成为农民起义的导火索，就是因为这些钱币的发行都是为了满足统治者的私欲，没有把百姓的利益放在最前面。

谷帛：乱世求生的艰难经济

东汉末年，世道凋零，民生多艰，货币界也上演了一幕幕悲剧，令人扼腕叹息。董卓铸小钱，造成严重的通货膨胀，自给自足的坞堡经济大行其道，货币被边缘化，这些仅仅拉开了大乱局序幕的一角。在魏晋南北朝长达数百年的经济低谷、混乱世事当中，陪伴着老百姓一起艰难度日的，是特殊的货币——谷与帛。

早在新石器晚期，我国就出现了龟背、农具等实物货币。到了夏朝，实物货币发展到鼎盛时期，人们开始普遍使用布帛、天然贝等进行交易。但随着商品经济的发展，谷帛作为实物货币既不方便携带，又难以规范统一，无法满足日渐频繁的贸易需求，于是金属货币应运而生，谷帛安心地退回到了一般商品的位置。

那么，魏晋南北朝时期，谷帛为什么重返货币舞台了呢？难道是又出现了王莽这样的"理想主义者"吗？不是。新莽时期，轰轰烈烈的币制改革，可以理解为情怀式的复古实验，但在魏晋南北朝，谷帛第一次被官方公开认定为通用货币，其理由直白而平实，就是因为"谷贵钱轻"。这里"谷贵钱轻"里的谷，既代表谷物，也代表了布帛，二者同为百姓的日常必需品，代替钱币行使了一般等价物的功能。

汉献帝初平元年（公元190年），彻底掌握了东汉政权的董卓，毁五铢钱铸小钱，让东汉的商品经济"一夜回到解放前"。随之而来的军阀混战严重破坏了农业生产，粮食等基本生活资料极度缺乏。短短四年，通货膨胀把一百斤粮食的价格从几万元炒到了几十万元。

普通老百姓没钱买粮食，又恰逢战乱，农业凋敝，民间甚至出现了人吃人的惨剧。谷贵钱贱的残酷现实逐渐迫使人们放弃使用金属货币，转而使用实物货币进行商品交换。因此，实物货币开始全面兴起。那么，在这一时期，实物货币包括哪些呢？除了我们熟悉的谷、米、帛、绢、锦，还包括盐。

乱世当头，粮食更珍贵，粮食比钱更适合作为货币。直到建安十三年（公元208年），经过几次战役之后，三国鼎立的雏形初现。三国势均力敌之下，曹操终于腾出手来整顿经济。他当即废止小钱，恢复五铢钱，并且广开屯田，大兴水利，真正实现了让百姓有钱花、有粮吃、有活干的稳定局面。在曹操执政的那些年里，曹魏的老百姓也的确过了一段相对富裕的日子。

好景不长，魏黄初二年（公元221年），魏文帝曹丕当政，明令废止五铢钱，允许人们用谷帛交易。然而，奸商用水泡谷物以增加重量，用薄帛来替代指定的帛，靠造假来骗取中间利差。市场混乱不堪，坑蒙拐骗现象层出不穷。

在这一阶段，尽管朝廷的奖励、粮饷还是用谷帛，但老百姓已经用实际行动投票，不欢迎这种特殊的货币，不想回到原始社会那种五马换六羊的日子了。后来，曹丕去世，魏太和元年（公元227年），登基不到一年的曹叡废除了以谷帛为货币的政策，重新恢复五铢钱的流通。

虽然曹魏恢复了足值的五铢钱，经济困境有所缓解，但是蜀汉的直百五铢和东吴的大泉五百、大泉一千等，都是又薄又轻的虚高钱币，导致蜀汉和东吴的经济逐步萧条，谷帛等实物货币在这两个国家开始广为流行。渐渐地，人们开始用谷帛来衡量一个人的财富。这一现象在《三国志》中就有记载："岁得绢数千匹，家道殷足。"

如果说，三国时期的谷帛能够取代钱币，成为商业交换中的主要流通货币，是因为战乱不断，政权分裂，那么，三国之后的统一政权——西晋，为什么还使用实物货币谷帛进行交易呢？

我们来看一看西晋的历史。

西晋开始于魏咸熙二年（公元265年），魏元帝禅位给司马炎。司马炎改元泰始，是为晋武帝。西晋延续了曹魏的政权，也沿用了魏明帝时期的货币制度。首都洛阳位于黄河流域，自古以来就具有经济优势，很好地承续了前朝的繁荣，但是西晋的其他地方依旧使用谷帛。

西晋的统治者司马氏，本来就是曹魏时期的大家世族。西晋建立以后，世族和平民之间的贫富差距进一步加大，权贵阶层高高在上，很少体察下情，关心农业。《晋书·傅咸传》里就提到，西晋建朝15年了，国不富足，民不富裕，权贵阶层铺张浪费，作威作福，肆意侵占农民的土地，以至于从事农业生产的人越来越少。

西晋元康元年（公元291年），西晋爆发八王之乱。在长达16年的内战中，西晋人口数量急速下降，社会经济破坏严重。国库空虚，民生凋敝，西晋无力再铸造新的货币。同时，从汉朝就开始向中原不断迁徙的北方少数民族趁机起兵中原。于是，中原大乱，最终导致华北地区的人口在8年内消失大半，或走或亡或逃，所谓"十室九空"。

直到西晋建兴五年（公元317年），西晋最后一位皇帝晋愍帝投降前赵。司马睿南渡长江，在建康登基，是为晋元帝。至此，历时52年的西晋灭亡，东晋建立。

东晋建立之后，统治范围仅限于南方，铜矿更加稀缺。矿产的匮乏加大了政府的铸币难度，客观上巩固了谷帛的货币职能。由于经济严重受挫，国库没钱，皇帝赏赐大臣的时候也大都以谷、帛、牛、马、酒、米、绢、床帐、衣服等实物为主。东晋一朝从建立到灭亡都没有铸造新币，而是沿用孙吴时期的旧钱和谷帛进行商品交易。

东晋元熙二年（公元420年），刘裕废晋恭帝，建立宋，东晋灭亡。为了区别于后来由赵匡胤建立的宋朝，刘裕建立的宋又被称为刘宋或南朝宋。从此，中国历史进入南北朝时期。

刘裕的一生，文治武功，波澜壮阔。他可能是中国历史上最被后人低估的皇帝之一，辛弃疾的名句"想当年，金戈铁马，气吞万里如虎"，说的就是他。刘裕本是西汉楚元王刘交的后代，是皇亲国戚。但是，到他出生的时候，刘氏已经败落，沦为寒门。

在东晋隆安三年（公元399年）之前，刘裕只是一名普通的北府军将领。没想到，七年之后他便凭着赫赫战功成为食邑万户，获赏绢三万匹的豫章郡公。那个时候，郡公是异姓功臣的最高封爵。郡公有封国、食邑，还可以世袭。从东晋朝廷对刘裕的赏赐可以看出，这一时期的主要流通货币就是谷帛。否则，以刘裕的战功，怎么样也得赏银百万两吧。

刘裕在位期间，是整个南朝国土面积最大的时期。由于出身寒微，刘裕深知百姓疾苦。他下令减免税收，把官吏侵占的土地全部退还给百姓。另外，他还规定凡是官府需要的物资都要到市场上采购，照价付账，不准向百姓征调。因此，南朝宋的商业得到了恢复发展。

百废待兴之际，政府也改变了东晋时期的"货币实物论"观念，官方数次铸造新币，但依然供不应求。市场上，即使减重的钱币也不乏购买力，这恰恰证明了当时市场迫切需要钱币的事实。

和南朝宋同一时期的北魏，又流通什么样的货币呢？

北魏太和十九年（公元495年），北魏开始第一次铸币，铸行了太和五铢。虽然太和五铢的形制完全模仿五铢钱，质量却差很多。由于北魏的贵族出身于鲜卑族拓跋部落，长期的游牧生活养成的习惯，使得他们对钱币的使用非常生疏。因此，太和五铢的铸行数量有限，也仅流通于首都洛阳一带。缺乏统一的货币，造成了市场的混乱，最后，还得要实物货币出马，以实物货币来衡量价值,比如"绢匹为钱二百"。《齐民要术》里也说种良田一顷"岁收绢三百匹"。就连军饷,也是用绢帛支付。《魏书·薛虎子传》对这段历史有简短的记载:"于后兵资,唯须内库,五稔之后,谷帛俱溢。"

北魏自太和九年(公元485年)开始推行均田制,男耕女织的小农经济在官方的鼓励下得到巩固和推广,为谷帛作为货币的广泛流通提供了基础和条件。这种制度一直沿用到唐朝天宝年间,直接导致唐朝虽经济繁荣却钱帛兼行的尴尬局面。

在中华文明五千年的漫长历史中,商品经济在社会稳定时会飞速发展,在社会动荡时则急速后退。从东汉建安二十五年(公元220年)曹丕代汉称帝开始,一直到隋开皇九年(公元589年)隋灭南朝陈,在这长达369年的魏晋南北朝时期,中国一共经历了30多个大大小小的王朝。在这段封建割据、战乱不断、政权更迭频繁的时期,谷帛货币特性的增强与广泛使用,是货币经济衰落的明显标志。

"谷帛"二字,细细想来,就是百姓最基本、最原始的吃饭穿衣需求。每遭战乱、灾荒,币制混乱,货币严重贬值,谷帛的货币作用就会显著增强,这是秦汉以来中国历史上屡见不鲜的事实。适逢乱世,人们最大的愿望不过就是食果腹、衣蔽体而已,有钱人可以乱世存黄金,而老百姓在意的不过就是两个字——生存。

谷帛作为货币,一直在政治与经济的夹缝中艰难曲折地存在、流通着,这是商业经济在历史变革中"退而求其次"的无奈,更是乱世之中人们生存的唯一希望。

世界篇

贵霜钱币：揭秘丝绸之路上的神奇帝国

当中国处在两汉、三国时期，经历着极盛的荣光和混乱的萧条的时候，外面的世界在发生着什么样的精彩故事呢？接下来为大家介绍位于丝绸之路"十字路口"，大名鼎鼎的古代丝绸之路四大帝国之一、世界历史上最神秘的王朝之一——贵霜。为我们揭开贵霜帝国面纱，让我们得以一窥其庐山真面目的，就是本节的主角——贵霜钱币。

贵霜钱币属于西方货币体系中的一员，是一种打制钱币，有金、银、铜三种材质，钱币的外形以圆形为主，也有少部分为方形。钱币正面多为国王像，背面则为神像。早期的贵霜钱币上铸有两种文字的铭文，正面是古希腊文，背面是佉卢文。佉卢文，英语叫Kharosthi，目前属于死文字的一种，早已经没人用了，甚至认识佉卢文的人都屈指可数。1至2世纪，佉卢文在中亚地区广泛传播，流行了三百多年。我国的楼兰等地曾经出土过佉卢文木简，但从书法、语法上判断，属佉卢文即将没落时期的风格。

贵霜钱币的铭文经常变换，但徽记基本不变——类似汉字

"山"和"古"字的相叠,这个徽记由海神波塞冬使用的三叉戟演变而来。前几年大热的好莱坞电影《海王》也将三叉戟作为一个重要的线索。海神波塞冬是奥林匹斯十二主神之一,也是宙斯的哥哥。据说,他挥动三叉戟时,能够轻易地掀起滔天巨浪,甚至能引起风暴、海啸,使大陆沉没、天地崩裂;他的战车在海面上奔驰的时候,周围有海豚相伴,大海会变得异常平静。因此,爱琴海附近的海员和渔民对波塞冬极为崇拜。

尽管贵霜将三叉戟作为钱币上的徽记,但贵霜与海洋其实并没有什么关系。贵霜帝国于公元1世纪出现在中亚的历史舞台上,由起源于中国甘肃的大月氏人所建立。大月氏是游牧民族,公元前2世纪,大月氏被匈奴所败,被迫西迁至中亚。之后,大月氏人打败了当地的希腊化国家巴克特里亚(大夏)后立国,名为贵霜。

贵霜一词,源自Kushan的音译。贵霜帝国鼎盛时期,疆域北达咸海、里海之滨,南部伸展到中印度的温德亚山,东至葱岭,与中国西部接壤,基本囊括了南亚以及中亚的大部分地区,与罗马、安息以及中国的东汉并列为当时的亚欧四大强国。三叉戟的徽记暗示着贵霜与希腊文化之间剪不断、理还乱的关系。

关于贵霜帝国的文献史料很少,想通过文字史料研究来了解贵霜的历史有着极大难度。事实上,直到18世纪,欧洲的很多学者甚至不知道中亚曾经存在过"贵霜"这样一个巨无霸般的帝国。后来,执着的俄罗斯学者从汇编的汉文史料中,发现了有关"贵霜"的记载,随后在阿富汗、巴基斯坦等地的考古发掘工作中,出土了大量的贵霜钱币。

这些钱币成了我们了解贵霜帝国最重要的资料。通过解读钱币上的铭文、人物的形象衣着和姿态的变化、钱币材质的区别，以及钱币的使用痕迹、磨损程度、数量的多寡、出土的地点等信息，再加上有限的文献史料，我们方才基本上复原了贵霜帝国的历史、文化、疆域、军事和经济等情况。

学术研究与考古活动就是有着这样互相促进、相辅相成的关系。过往的历史资料能帮我们更好地认识钱币所发挥的作用，而钱币所携带的信息，也为考古研究做出了巨大的贡献。从贵霜钱币到贵霜帝国历史，学者们便是以钱币作为主要线索，最大限度地完成了对一个国家的历史解读。也因此，纵观世界钱币界，能否鉴定贵霜钱币，是判断一个学者钱币鉴定功力高低的标准之一。毕竟鉴定贵霜钱币几乎没有可以借鉴、可以辅助的东西，全凭对钱币本身的解读。

那么，贵霜钱币帮我们还原的贵霜帝国，究竟有着怎样的灿烂辉煌呢？首先，让我们从贵霜帝国的几个主要君王说起。

第一位就是贵霜帝国的奠基人丘就却。在丘就却发行的钱币上，第一次出现了"KUSHAN"的字样，由此，学者们才定义了贵霜的国名。早期的丘就却钱币上记载有"信仰坚定的贵霜翖侯丘就却"；《后汉书·西域传》也有记载："初，月氏为匈奴所灭，遂迁于大夏，分其国为休密、双靡、贵霜、肸顿、都密，凡五部翖侯。后百余岁，贵霜翖侯丘就却攻灭四翖侯，自立为王，国号贵霜。"目前，也有一些学者从考古、文化、人种等方面试图证明贵霜与大月氏不是一支，他们认为贵霜帝国是贵霜人通过推翻大月氏的统治建立的，但目前这种说法还没有得到公认。不管怎么说，贵霜和大月氏之间有着千丝万缕的联系确定无疑。

丘就却统治后期，他发行的钱币上印有的铭文出现了"伟大的诸王之王丘就却""解放者""大救世主"等称呼。可见，此时丘就却已经统一了整个贵霜。"诸王之王"此类称呼也成为后代钱币上常用的铭文。比如，著名的成吉思汗金币上，就写着"可汗中的可汗"。

随后对贵霜钱币颇具影响的国王是阎膏珍。《后汉书》中记载的阎膏珍，就是我的导师 Joe Cribb 通过钱币研究而首次加以证实的。从阎膏珍开始，贵霜钱币的形式基本确定为正面是国王像，四周是铭文，再加上徽记的样式。与此同时，他开始使用黄金打制钱币，贵霜钱币中第一次出现了金币。

无论是奠基者丘就却还是继承者阎膏珍，他们发行的钱币都还处在贵霜钱币定型的阶段，对巴克特里亚钱币的模仿痕迹很多，因此初期的贵霜钱币明显带有古希腊钱币的特点：人物雕刻典雅，文字隽秀，铭文标准、规整，制币的金属纯度很高，重量也比较统一。

随着贵霜帝国的发展，贵霜钱币逐渐开始拥有自己的独特风格，钱币的铭文统一使用古希腊文。因为贵霜帝国是在原希腊化的大夏王国的基础上建立的，所以，贵霜初期的钱币风格与大夏、希腊一脉相承。贵霜经过数代国王的励精图治，文化昌明，兼收并蓄，各种宗教在王国内各行其道，百花齐放。所以，到了贵霜最著名的国王迦腻色迦时代，钱币上的宗教形象变得愈加丰富多彩，袄教、佛教等形象在钱币上频繁出现，各领风骚。

在迦腻色迦一世发行的钱币上，除了袄教的形象之外，佛陀、希腊诸神以及印度教的各大神都有出现，你方唱罢我登场。多种宗教、神话形象的出现，暗示了一个大国的逐渐成形。

贵霜人在丝绸之路上也留下了忙碌的身影。

丘就却在统一贵霜之后，走上了南征北战的扩张之路，他扩张的主要目标之一就是犍陀罗地区。之所以将犍陀罗作为主要目标，就是因为该地自古以来就是从中亚进入印度的必经之地。在犍陀罗地区的众多贵霜城市当中，有个城市名为贝格拉姆。从地理上看，它是丝绸之路上的一个重要的中转站，是丝绸之路印度段的起点。

控制了犍陀罗地区之后，贵霜帝国继续向恒河流域拓展自己的版图。同时，贵霜人也没有忘记印度河的存在。控制了这两个河口附近的城市，就意味着丝绸之路沿线的商品流通都逃不出贵霜帝国的"五指山"。商品或者通过贵霜帝国在恒河中上游的城市，转手于南部诸国，或者经印度河附近的港口城市，远销海外。

贵霜帝国对丝绸之路的另一大贡献就是罽宾—乌弋山离道的全线贯通。早在西汉时期，这条线路就已经出现了雏形，我们可以在《汉书·西域传》中找到证据。随着贵霜帝国版图的不断扩大，汉王朝成了贵霜不得不面对的问题。为了抵抗汉朝的威胁，贵霜人加强了罽宾一线的防御力量，主要表现为对沿线附近的军事据点进行大力的拓展，因此沿线附近城市迎来了全新的发展机会，部分城市甚至保留到了唐代。《大慈恩寺三藏法师传》中提到，玄奘在西行途中曾借宿于这里的寺庙。可以说，贵霜据点带的出现，为往来于西域各国、中原王朝和印度各地的使节、僧侣和商人提供了重要的驿站，它也因此成了丝绸之路南段最为重要的支线之一。

丝绸之路商旅的发展和文化的交流又保证了这些城市的持续繁荣以及对商人的吸引力。在这种相互作用之下，丝绸之路进入了一个良性循环，对后世的历史产生了重大而积极的影响。

在我国新疆地区，曾发现许多于阗"马钱"。于阗位于现在新疆的和田地区，这种"马钱"是目前已发现的新疆地区最早的自制钱币。它采用古希腊的打压法制成，圆形无孔，正面图案是马或骆驼，图案周围是佉卢文铭文，铭文意为"大王，众王之王"，其背面有"重廿四铢铜钱"或"六铢钱"字样汉文，故这种"马钱"又被称为"汉佉二体钱"。

中国学者张津芬在《贵霜文化对于阗的影响》一文中写道："贵霜王朝建立之初，在丘就却发行的钱币上刻有佛像和佉卢文的铭文，铭文称其为'正法之保护者'。后来又改为'大王'……这种制币方法传到了于阗，出现了于阗本地制造的钱币，即汉佉二体钱，其钱币上的佉卢文铭文意'大王，众王之王'，与丘就却'诸王之王'的钱币铭文极相似，这说明于阗的汉佉二体钱是仿照贵霜钱币而造的。"张津芬还表示，现在和田地区文物管理所藏有尼雅遗址出土的佉卢文写就的木函、木牍等，包含官方文书、契约及公私往来书信等内容。由此可见，随着贵霜政治、经济和文化的传播影响，作为贵霜王朝官方文字的佉卢文字也成为于阗的官方通用文字之一。

贵霜对中国的影响还不止于此,佛教东传也离不开贵霜帝国的中介作用。

佛教传入中国的路线有二:一为海路,二为陆路。从陆路传到我国应该是主线。而贵霜帝国当时的疆域横跨中亚、南亚,是陆路的必经之地,东汉时期的相关文献和艺术遗存充分说明了当时的佛教艺术、佛教活动与贵霜帝国文脉相连。因此,佛教主要是通过陆路经中亚诸国逐步渗透到中国内地的说法不容置疑。

关于佛教传入中原的时间,有很多种说法,但人们最认可的是伊存口授佛经一事。一般认为,大月氏使臣伊存讲授《浮屠经》一事标志着佛教传入了中原。就当时的客观环境来说,大月氏早已立足中亚,接受了来自印度的佛教,而自从张骞通西域之后,大月氏与中原王朝经常遣使往返,此乃汉朝人从大月氏那里接受佛教的一个重大契机。

总之,贵霜帝国对佛教的传播起到了至关重要的作用。此外,我还要特别强调一点,佛祖打坐的形象,最早就是出现在贵霜钱币之上的。

相对于佛教东传,对中国民众生活影响最深的是物质的不断丰富。通过丝绸之路,西域丰富的物产开始进入中国,比如葡萄、石榴、核桃、汗血马、苜蓿、菠菜、无花果、胡萝卜、葱、蒜、黄瓜、西域乐器等。当然,文化交流是双向的,在西方物品输入中国的同时,汉文化也传播到了西方,养蚕、丝织技术,青铜冶炼技术,茶叶、瓷器的制作技术等让西域人、西方人受益无穷。

丝绸之路横跨亚欧大陆，在经济贸易和文化传播中起着十分重要的作用。贵霜王朝地处东西方交流的十字路口，衔接着欧洲的罗马、西亚的安息以及中国的汉朝，优越的地缘条件使得贵霜人在丝绸之路的发展中扮演了重要的角色。方寸大小的贵霜钱币不仅折射出贵霜王朝的经济文化生活，还使我们看到贵霜商人在古代丝绸之路上往来贸易的匆匆步履和佛教僧侣传经布道的虔诚身影，更见证了丝绸之路沿线地区间丰富的经济贸易与文化交流。

萨珊王朝银币：通行东西方的众王之王货币

公元226年，随着萨珊王朝国王阿尔达希一世的强势崛起，大部分中亚地区被萨珊人的铁蹄征服，萨珊王朝取代了安息贵霜帝国，成为丝绸之路上新的权贵。以萨珊王朝为中介，中国、罗马为两极的丝绸之路新格局正在形成。钱币界也如同政权一样开始了改朝换代，萨珊王朝银币取代了贵霜钱币，成为丝绸之路上新一代的国际货币。

萨珊王朝银币比较薄，图案却很清晰，正面是国王头像，背面则是拜火教的圣火祭坛。从这一点看，萨珊王朝银币与贵霜钱币尚有几分相似之处，同样都是正面代表王权，背面代表精神信仰。此外，萨珊王朝银币正反面外缘都有珠圈，珠圈与图案之间是用巴列维文字书写的铭文。比如阿尔达希一世银币的背后的文字便是"阿尔达希之火"。

之所以在国王名字后面加上"之火"二字，是因为萨珊王朝的国教是拜火教。火在人类文明的进程中，起到了关键作用。正是因为有了火，人类才可以吃到熟食，才和其他动物彻底分开。

"阿尔达希之火"不仅代表着拜火教对国王的祝福，更象征着萨珊王朝如圣火般兴旺，永世不衰。

说到拜火教，大家可能还记得我前面提及的大流克金币与古波斯帝国。古波斯帝国在大流士一世的改革中，确定了以拜火教为国教，而如今的萨珊王朝，同样以拜火教为国教，这两个波斯帝国之间有什么关系呢？

这就要从萨珊王朝的开创者阿尔达希一世开始讲起。阿尔达希一世出生在与贵霜帝国同为欧亚大陆四强国之一的安息，这是一个位于亚洲西部伊朗高原的帝国，也是希腊文明与波斯文明融合的多文明中心。阿尔达希一世的祖父是阿纳希特神庙的祭司，父亲是伊斯塔赫尔城的统治者，阿尔达希一世既是富二代也是官二代。成年后，他做了安息帝国法尔斯省的省长。

安息帝国虽然强大，但并非中央集权国家。普林尼的《自然史》一书中记载，安息帝国有18个附属王国。这些王国保持着高度的自治，他们对于中央政府的命令经常阳奉阴违。由于与罗马帝国之间常年爆发战争，安息帝国的国力逐渐变得羸弱不堪。

在这种大的政治环境下，领主很容易滋生对中央权力的野心。公元226年，阿尔达希一世起兵自立，随即对垂垂老矣的安息帝国发动了灭国之战。最终，在奥尔米兹达甘平原击败了安息帝国末代国王阿尔达班五世，成了这片土地新的统治者。

阿尔达希尔一世虽然如愿以偿当了国王，但是他毕竟弑君夺权，是一个篡位者。统治者的声望对于一个帝国来说是无比重要的，如果阿尔达希一世不能尽快改变自己这个负面形象，很有可能会导致这个新生王朝陷入动荡之中。

所以，在新政权成立之后不久，阿尔达希一世便着手解决这个问题。他首先下令重新打造货币。这和当年的利西马科斯发行亚历山大大帝银币的策略如出一辙，都是利用货币的象征意义来赚取更多的政治资源，以确立自己统治的正统性与合法性。

同时，当时与萨珊王朝敌对的罗马帝国还为阿尔达希一世的正统宣传提供了一个极佳的助攻。当时罗马帝国出兵攻打刚刚成立的萨珊王朝，领军的是他们的君主亚历山大，此亚历山大不是我们之前介绍过的亚历山大，二者重名。那个亚历山大正好就是灭掉古波斯帝国的人，所以当时罗马帝国与萨珊王朝之间的战争便有了一种传奇色彩。人重名，但历史没有重演，在这次战争中，阿尔达希一世击败了罗马的君主亚历山大，这无形中为阿尔达希身上平添了一份天选之子的神秘感。

阿尔达希一世对罗马一战的胜利，多多少少为他掩盖了篡位的恶名，他成了百姓眼中古波斯纯正的继承者，我们现在也称呼萨珊王朝为波斯第二帝国。阿尔达希一世之后的萨珊君主也宣称要恢复祖上的荣光，其领土不断扩张，萨珊王朝迅速取代了安息、贵霜两大帝国，成为丝绸之路中段的唯一霸主。

萨珊王朝银币也在丝绸之路上行使着货币自身最基本的流通功能。萨珊王朝身处贯穿整个亚欧大陆的丝绸之路上，来来往往的商人每年都能为帝国带来巨大的商业收益，曾经的安息帝国、贵霜帝国早就享受过了这种红利。所以，萨珊王朝立国之初便加入丝绸之路贸易的洪流，得天独厚的地理优势，使得它可以扮演一个中间商的角色,控制中国与罗马之间的贸易,从中谋取更多的商业利润。

萨珊王朝银币正是在这种国际贸易空前繁荣的环境中走向了世界。萨珊王朝建立之初,国库充足,财大气粗,打造的银币纯度高,工艺技术水平也相当精湛,自然受到了丝绸之路上商人的特别青睐。通过丝绸之路,萨珊王朝银币向西到了罗马,向南到了印度,向东到了中国。

萨珊王朝初建之时,中国正处于三国乱世之中。河西走廊等通往西域的道路严重受阻,中原地区与西域诸国之间鲜有交流,根本不知道萨珊王朝的崛起。经历了五胡十六国的乱战,直到北魏重新统一中国北方,中国与西域诸国才恢复了往来。北魏政府首先派出使者出使西域,各国也有了积极的回应,其中就包括萨珊王朝。据《魏书》记载,文成帝太安元年(公元455年),"波斯、疏勒国并遣使朝贡"。这是史书里首次记载萨珊王朝派遣使者来中国。此后,萨珊王朝使臣到中国交流往来有数十次之多,他们给北魏皇帝带来了丰厚的礼品,有各种珠宝、驯象等。

伴着双方使节和商旅的往来,中原地区的麝香、樟脑和丝绸纺织技术进一步西传,萨珊王朝的玻璃器、金银器、萨珊式绘画、雕塑风格,特别是拜火教传入我国中原地区,并对中原文化产生较为深刻的影响。北朝与萨珊王朝的经济文化交流,承接了秦汉丝绸之路东西交流的繁荣兴盛局面,同时又开启了隋唐盛世中西交流的鼎盛时代。

萨珊王朝银币正是在这个时候随着萨珊王朝的使臣以及粟特

商人来到了中国。粟特是一个独具特色的商业民族，粟特人被现在的一些学者戏称为"丝绸之路上的犹太人"。他们频繁往来于漫长的丝绸之路上，是当时东西方贸易的主要承担者。丝绸之路上的商人来到中原，不仅带来了西域的物产，也一并带来了萨珊王朝银币。

然而，这些在丝绸之路上通用的萨珊王朝银币到了中国之后，反而失去了货币的功能。它们被当作纪念品，当作精美的饰品，当作宝物，当作陪葬物……据《六典》相关的记载，王义康先生认为萨珊王朝银币在新疆等地具有明显的地域性货币特征，而其仿制币只是作为装饰或陪葬物，无货币之功能。总体来说，萨珊王朝银币在流入中国后，发挥的随葬品、宝物、饰品的功能毋庸置疑。只有在中国西部个别地方，在商人聚集的区域内，萨珊王朝银币才发挥着货币的职能。

究其原因，主要是因为当时的中国正处于南北朝时期。在介绍谷帛时，我提到过，魏晋南北朝时期是一个大乱世，战争频发，政权不断更迭，整个经济市场都处在一个崩坏的状态，"物贵钱贱"正是那个时代常见的情形。国内百姓依靠着谷帛艰难度日，对于本国的货币尚没有信心，又谈何使用来自萨珊王朝的银币呢？当时中国的封建政权发行的货币混乱不堪，和萨珊王朝银币之间根本形成不了稳定的汇率。因此，萨珊王朝银币在中国人眼中，只不过是一种有艺术价值的收藏品。

萨珊王朝代表了波斯文化的一个黄金时代。萨珊王朝时期的波斯，无论是政治、经济、文化，还是军事，都很强大，称得上是世界级的帝国。然而，没有什么会永恒不变。萨珊王朝后期，国内爆发了一场灾难性的瘟疫，王朝与拜占庭帝国的交战也屡屡受挫。

最终，萨珊王朝被阿拉伯人彻底摧毁，一如曾经的安息帝国和贵霜帝国，萨珊王朝银币也随着萨珊王朝一同沉入了历史的长河之中。

拜占庭金币：君士坦丁大帝的"形式主义"货币

前文我们介绍了两个丝绸之路中段国家的货币——贵霜钱币和萨珊王朝银币，接下来，让我们把目光投向丝绸之路的西方起点之一——拜占庭帝国。拜占庭帝国又叫东罗马帝国，它是古罗马帝国分裂产生的国家，是希腊文化的继承者，它国力鼎盛之时，领土包括亚洲西部、非洲北部、欧洲南部的大片土地。拜占庭帝国最被诟病的就是"形式主义"的拜占庭货币。

拜占庭帝国流通的货币叫索利多金币，金币上铸有拜占庭帝王的头像，还有象征着基督教的符号和铭文。例如，拜占庭帝国巅峰时期所打造的列奥一世金币，它的正面是列奥一世的半身胸像，头戴下有联珠纹、后有飘带的王冠，身着铠甲，外披战袍。金币背面中央是胜利女神的站像，胜利女神右手持长十字架，左侧有翼。

虽然索利多金币在拜占庭通用，但它诞生在拜占庭帝国成立之前。公元312年，罗马帝国皇帝君士坦丁大帝进行了货币改革，索利多金币便是这次改革的产物。而基督教符号的由来，也要由君士坦丁大帝开始讲起。

　　君士坦丁大帝出生于罗马帝国的内索斯。当时的罗马帝国国土面积庞大，为了方便统治，采用了"四帝共治制"，也就是将帝国分为东西两部分，每部分由一位皇帝统一管辖，这位皇帝称为"奥古斯都"，每位奥古斯都再指定一个助手或继承人，称为"恺撒"。

　　奥古斯都是罗马帝国的第一位元首，是元首体制的创始人，"条条大路通罗马"指的就是他在位时罗马帝国的繁荣景象。因为他死于八月份，所以，英语中的八月，即August就是以他的名字命名的。后来，"奥古斯都"一词变成了罗马皇帝的统称。君士坦丁的父亲便是罗马帝国西部的奥古斯都，君士坦丁年少从军，在军中有很多的拥护者，他的父亲去世之后，他就被这些拥护者拥立为新的奥古都斯。

　　但是，在当时的罗马，奥古斯都应该由恺撒来继承，被军队拥立的君士坦丁大帝无疑破坏了这种"四帝共治制"，这不仅引起了"四帝共治制"拥护者的不满，更造成很多野心家纷纷自诩为奥古斯都，企图瓜分罗马。于是，战争肯定不可避免了。经过数十年的内战，君士坦丁击败了其他山寨版的"奥古斯都"，罗马帝国方才重新统一。

　　在这次动乱当中，罗马帝国内部的很多矛盾都暴露无遗，"四帝共治制"的弊端也凸显出来——多个统治者之间难免会矛盾重重，你争我夺。君士坦丁大帝也曾试图取消"四帝共治制"，但混乱的局势逼迫他只能任命自己的亲信为共治者。另外，由于贵族阶层的贪婪无度，帝国本身的经济崩溃，罗马的第纳尔银币加速贬值，因此，君士坦丁大帝决心推出索利多金币，力图以此遏制经济局势的进一步恶化。

索利多金币在制作工艺方面有着严格的标准：每枚索利多金币都含有24克拉的黄金。这里的克拉是指当时的"希腊－罗马克拉"。克拉原本是地中海地区角豆树的种子，这种树种的重量几乎没有什么变化，所以，人们便把克拉当作重量单位。索利多金币币值坚挺，一经问世，便被广泛用于流通、储备、税收、纳贡、官员们的工资支付和国际贸易等。

君士坦丁大帝不仅是一个改革家，更是一个坚定的传教者。他笃信基督教，除明确了基督教的合法地位之外，他更是大力推行各种有利于基督教的政策。索利多金币上的基督教符号，使得它不仅有着流通的功能，更承担着树立皇帝权威与弘扬基督教文化的功能。正因如此，相当一部分人认为，拜占庭货币太过"形式主义"，而忽视了货币自身的实用功能。

君士坦丁大帝无疑是一个伟大的君主。除了在政治、经济、文化方面的积极改革，他还耗费大量的资源重新修建了位于巴尔干半岛东部的拜占庭城，并将这座城市更名为君士坦丁堡。君士坦丁堡就是现在位于土耳其的伊斯坦布尔。据史料记载，这座城市是欧洲最大、最繁荣的城市，城市中有宏伟的宫殿，有如战车竞技场一般大的中心广场，广场上还竖立着一根大型的纪念圆柱，圆柱由一整块巨石雕凿而成，上边刻有皇帝的雕像，俯瞰着全城。

新城建成之后，君士坦丁大帝便下令将罗马帝国的都城迁至这里。但是，他没有想到，这次迁都直接导致了一个新的帝国——拜占庭帝国的诞生。

任你是千古一帝，也依然享寿不永。君士坦丁大帝去世之后，罗马帝国马上就爆发了争夺帝位的混战，帝国一分为二，位于西方的是西罗马帝国，处在东方的便是以君士坦丁堡为首都的拜占庭帝国。

拜占庭帝国沿袭着罗马帝国的政治、经济、文化、货币，它还继续使用着君士坦丁大帝所创造的索利多金币。而且，拜占庭帝国对货币有着极为严格的管控措施，它严格禁止周边蛮族制作和发行金币。所有的货币必须由位于君士坦丁堡的皇家造币厂打造。据《查士丁尼法典》记载，黄金不仅不得提供给蛮族，甚至一旦发现蛮族人持有拜占庭黄金，必须以智谋取回。此后，若有商人因购买奴隶或者其他商品而将黄金支付给蛮族，将直接被处以死刑；若有法官发现此类罪行不予处罚，或者助之隐瞒者，以同犯论处。

虽然拜占庭帝国严格控制拜占庭金币的外流，但是索利多金币仍旧大量流出。因为拜占庭帝国的统治阶级通过赠送礼物、赎救贵族或皇室成员、购买东方奢侈品等方式在欧亚大陆广撒金币。尤其是在对外贸易中，官方控制的丝绸等东方奢侈品的进口，主要用索利多金币进行支付。

公元4世纪前后，随着拜占庭帝国的国力逐渐壮大，拜占庭国内贵族对于中国丝绸的兴趣日益浓厚。他们对丝绸的追捧，使得拜占庭和中国之间的贸易变得频繁起来。不过，地理的局限使拜占庭和中国并不能直接实现贸易往来，因为在中国和拜占庭帝国之间隔着一个萨珊王朝。

萨珊王朝和拜占庭帝国是敌对关系，自然不会允许拜占庭商人随意通过。所以，拜占庭商人只得改道走北方的草原，经由黑海东岸向东进入阿姆河、锡尔河流域，从而绕过萨珊王朝到达西域，再以敦煌、凉州（今武威）等为中转站，持索利多金币和葡萄酒到达长安、洛阳等地，然后采购成批的丝绸，再贩往中亚。同时，拜占庭帝国国内为了满足皇室与贵族对丝绸的需求，对丝绸实行专营。在通商口岸严控丝绸进口，严格限定丝绸价格。丝绸交易只能使用拜占庭金币。所有的这些政策，使得大量的拜占庭金币流出帝国，沿着丝绸之路向东方流通。

拜占庭的历史学家科斯马斯在《基督教世界风土志》中提到，在锡兰（今斯里兰卡），当地的国王被拜占庭商人携带的金币所吸引，对金币上栩栩如生的皇帝形象感到震惊，充满敬佩地赞扬拜占庭帝国皇帝的伟大。我国的《隋书·食货志》中也有记载："河西诸郡，或用西域金银之钱，而官不禁。"这里提到的"金银之钱"便是拜占庭金币。

19世纪末以来，我国境内5世纪至8世纪的墓葬或其他遗存不断发现来自西方的拜占庭金币和萨珊王朝银币。其中，拜占庭金币的发现和研究，更新了学界关于中国与拜占庭之间经贸交流的认知，对研究以丝绸之路为通道的东西方经济、文化、政治交往，提供了极其重要的新材料、新观点。

在这里，我要重申一下钱币研究对整个考古文化的重要意义。就以拜占庭金币为例，一方面，金币携带着鲜明的拜占庭货币形制特征，以至于无论经历多少次转手，无论各地如何仿制，都可以追踪到源头拜占庭。与之相比，中国境内出土的玻璃器皿或金银器皿虽然也具有极其鲜明的西方或地中海风格，但难以确定其来源。因此，人们依据金币及其仿制品在时间和空间上的分布点，能够还原拜占庭经济、文化在不同地区和不同时期的传布和影响。另一方面，这些具有拜占庭货币特征的金币及其仿制品在出土时包含大量随葬信息，为研究者考察东西方各民族之间的活动与相互影响提供了重要的实物依据。

拜占庭帝国依托着丝绸之路，经济一度十分繁荣。尽管它在经历了一千年的雨雪风霜之后郁郁而终，但在丝绸之路的江湖上，永远有着拜占庭的传说。

拜占庭金币的命运跟萨珊王朝银币有着非常多的相似之处，它们都是在帝国最鼎盛的时候，以最优质的形态流通于丝绸之路，之后，随着帝国的灭亡而退出历史舞台。在拜占庭帝国与萨珊王朝并存的时候，二者也在丝绸之路上相互依存、相互对抗，一如所有帝国之间的关系。

这些拜占庭金币沿着丝绸之路，一路传播到了东方，成为一些人手中的珍稀宝物，最终随葬埋入地下。千年之后，当重见天日时，它们便以一种古老的语言为我们复述昔日帝国的荣光，也为我们展示丝绸之路沿线各民族之间的交流与融合。所以，微小如钱币，虽只方寸之大，也有存在于这世间的无穷意义。

第纳尔金币：古印度文明的黄金时代

第纳尔金币是古印度黄金时代笈多王朝时的钱币，它的正面图案是国王的站像，右手持戒指交给左侧的王后，左手持新月柱头旗杆，它的背面是吉祥天女骑狮像。吉祥天女是婆罗门教和印度教的幸福、财富女神，后来又演变为佛教的护法天神。

这些钱币充分体现了印度特色。即使在受到外族入侵时，由于本土的文化底蕴深厚，印度文化也总会在文字、图像、币形、面值上顽强地呈现出"印度化"。

这种正面象征着世俗王权，背面代表宗教信仰的币面设计，和许多西方钱币都类似。这枚来自古印度的第纳尔金币，和古罗马的第纳尔银币是何种关系呢？

第纳尔金币，甚至古印度的整个货币体系，都是在西方钱币体系影响下产生的。至于第纳尔这个名字，原本就是西方货币体系当中的货币单位，指的就是钱，很多国家的货币都采用这个名称，印度的笈多王朝沿袭这个货币称谓也就不足为奇了。

不过，第纳尔金币毕竟只是西方货币的"表亲"，它虽然沿袭了西方钱币的外表，在制作方法上却与西方的工艺有所不同。西方钱币一般是将钱币夹在两块模具之间打造，而第纳尔金币是用冲压器具直接敲打压制而成的。提到钱币的亲缘关系，第纳尔金币和贵霜钱币也血脉相连。因为在笈多王朝之前，印度北部的大部分区域都处于贵霜帝国的统治之下，贵霜帝国在丝绸之路沿线进行的商贸活动以及文化传播，基本上都是依靠印度河、恒河、犍陀罗地区等完成的。

贵霜帝国衰败之后，南亚次大陆的西北部和北部地区分裂为许多小国。这些贵霜小王国，一部分为摩揭陀的笈多王朝所统一，另一部分被来自北方的嚈哒人所消灭。

4世纪初，北印度处于分裂之际，恒河上游地区笈多家族控制的一个小国逐渐强盛起来，它制服其他小邦而成为当地的强国。笈多家族的首领号令一方，自称为"摩诃罗阇"（众王之王）。室利笈多之孙，游陀罗·笈多一世时，势力更加强大。约在公元308年，游陀罗·笈多一世娶当地著名的离车部族公主鸠摩罗提毗为妻。离车族是统治华氏城及其附近地区的贵霜人诸侯。游陀罗·笈多因婚姻关系而继承了华氏城的统治权，同时合并了两个君主国。笈多家族的实力和政治地位大为增强。公元320年，游陀罗·笈多一世以吠舍离（今比哈尔邦巴特那北）为首都，建立笈多王朝，统一了北印度，形成一个政治稳定、经济繁荣和文化昌盛的大帝国。笈多王朝处于印度由奴隶社会向封建社会过渡的阶段，在历史上占有重要地位。

笈多王朝建立之初，第纳尔金币就已发行，但仅在国内流通。伴随着王朝的扩张，它才得以流入世界各地。其中，笈多王朝的统治者旃陀罗·笈多二世的贡献无法忽视。

旃陀罗·笈多二世，我们一般称其为"超日王"。正是在他的带领下，笈多王朝才进入众星捧月的黄金时代。

超日王的人生充满着英雄般的史诗色彩。他是笈多王朝海户王的儿子，骁勇善战，智谋超群。但是，他父亲指定的接班人并不是他，而是他的长兄。他的这位长兄做事离谱，在与邻国交战失败之后，被困于山间。当年汉高祖刘邦亲率大军迎击匈奴，因为轻敌冒进也曾被围困于白登山七天七夜。刘邦的脱身之计是向匈奴王的妻子行贿，而这位超日王的长兄则是想献出自己貌美如花的妻子以求脱身。

得到这个消息的王妃一时间无计可施，只得向当时还在军中服役的超日王求助。王嫂的求助，让超日王找到了击败敌人的灵感，他带领手下的数百名将士，穿上女装，装扮成女子，自己则打扮成王妃，以纳贡献美的名义进入敌营，等见到敌国国王之后，借机将敌国国王刺杀。超日王的这次智勇双全的壮举让他获得了人民的爱戴和拥护，并最终登上了王位。

超日王时期，笈多王朝的政治、经济、军事、文化的实力达到鼎盛。超日王登上王位后，首先致力于国家的统一。恒河上游纳伽人（贵霜人的后继者）的势力已被征服，超日王在西方面对三大政治势力：西北部印度河流域以东地区是马尔瓦人和卡提阿瓦人，他们是贵霜人和塞种人的继承者，慑于笈多王朝的威力，对它表示臣服；西部沿海地区古吉拉特一带处于塞种州长国的统治之下，与笈多王朝处于敌对状态；西南部德干地区为瓦卡塔卡斯王国，超日王把自己的公主下嫁给瓦卡塔卡斯国王鲁陀罗逊纳二世，两国联姻结成同盟。

超日王在西方的政策是与南北修好，集中力量打击塞种州长国。公元388年至409年间，超日王先后征服了马尔瓦、古吉拉特和卡提阿瓦。笈多王朝的领土扩及阿拉伯海沿岸，控制了北印度东西海岸的繁荣城市和港口，这对于笈多王朝手工业和商业的发展有着积极的意义。同时超日王把首都迁到华氏城（今比哈尔邦巴特那附近）。为了巩固对印度西部的统治，加强与国外的经济贸易联系，他还在马尔瓦建立了行宫。

笈多王朝有过引人注目的繁荣时期。超日王实行货币改革、采用标准的金币和银币等举措，使得王朝又进一步发展。当时，无论半岛内的贸易还是对外贸易，其贸易量均达到了新的高度。超日王统治之际，安全程度也有了提高，这一点在对外贸易贷款的利率降低上可以反映出来：孔雀王朝时期，贷款的利率为240%；笈多王朝时期，贷款的利率降为20%。

超日王统治时期笈多王朝的经济以及第纳尔金币的国际地位如何？我们从一个中国人的记载里或许可以窥豹一斑。

在超日王统治时期，来自东晋的一位六十多岁的僧人向西而行，经新疆，越葱岭，过中亚，历尽千辛万苦，去往笈多王朝求取佛法。这个中国人的名字叫法显，他是中国第一位到海外取经求法的僧人，比《西游记》中唐三藏的原型玄奘早200多年到达印度。

法显从长安出发，沿着丝绸之路故道到了中亚地区，然后转道向南，于公元402年进入印度。法显在印度遍访佛教中心，探寻佛法经典。为了理解佛教经典的原义，法显在游历的同时还潜心学习深奥的梵文，从而让自己能阅读梵文经典以及抄写经律。公元412年，已经在印度游历十年，见识过三十余国的法显回到了中国。安定下来后，他把自己多年来的所见所闻凝聚成了一本书，这本书的名字叫《佛国记》。

　　《佛国记》不仅是丝绸之路上中印文化交流的产物，更是一本关于古印度的百科全书。根据书中记载，当时的北印度地区气候温和，适于农作物生长，因此人民生活富庶，经济欣欣向荣。此外，书中还有许多关于印度的经济生活和人们生活习惯的记载，"举国人民悉不杀生，不饮酒，不食葱蒜"。同时也有对当时的政治制度、慈善、医疗、卫生等情况的记载。

　　在超日王统治的时期，笈多王朝达到了一个黄金时期。在农业方面，铁制农具已经得到普遍推广和使用，施肥、轮作等农业技术也开始在生产中应用。当时的笈多王朝不仅种植谷物，还种植了很多的经济作物，印度的棉花更是远近驰名，邻近的很多国家纷纷前来笈多王朝，学习先进的棉花培育技术。棉花种植的优势直接刺激了印度纺织业的飞速发展，在拥有充足原材料的情况下，笈多王朝大力发展和棉花相关的纺织业，从而实现了从原材料到加工的技术升级。纺织品包括丝绸、平纹细布、印花布、亚麻布、毛织物和棉布。笈多王朝出产的薄棉布，轻软透明，非常适合做面纱，十分受丝绸之路商人的喜爱。

这些东西由于国内外市场的需要而被大量生产。其他重要的行业有冶金业、制陶业、雕刻业和宝石加工业。

国内稳定的货币和丰足的物产，加之丝绸之路这条路线，带动了笈多王朝的商业兴盛。笈多王朝是贵霜帝国版图的继承者，因此贵霜帝国作为东西方商品交流的枢纽地位，也被笈多王朝继承下来。其西北部的印度河流域是陆路贸易的必经之地，向西可以经过阿富汗、伊朗，连接丝绸之路西段，通达小亚细亚和欧洲诸国。北上中亚地区又可以承接丝绸之路的东段，直接和中国相连。

除了以丝绸之路为主体的陆路贸易之外，笈多王朝的海上贸易也极为发达。公元前327年，赫赫有名的征服者亚历山大大帝曾经率军突进印度河流域，这次战争直接为古印度开辟出了一条海上的贸易路线。到了超日王时期，这条海上贸易路线可以通过阿拉伯海岸的港口城市与东部非洲、阿拉伯半岛和波斯湾沿岸诸国建立贸易联系。

同时，笈多王朝与中国之间也有一条海上贸易路线，高僧法显回国的时候就是走的海路。他从笈多王朝的恒河出海口乘船，南渡狮子国（今斯里兰卡），居留两年后，横渡印度洋，经过苏门答腊，随风暴漂流到山东崂山附近登陆，于公元413年回到东晋的首都建康（今南京）。笈多王朝的东西两条海上商贸线，正是我们现在所说的海上丝绸之路的雏形。

笈多王朝独占亚欧大陆核心商贸地带的位置优势，加上超日王的苦心经营，使得笈多王朝的第纳尔金币通过这些商贸路线流向了丝绸之路上的诸国,同时其他国家的货币也顺着这条路线进入了印度。

通过研究第纳尔金币,我们管中窥豹地了解了笈多王朝在超日王统治时的巅峰盛况,以及笈多王朝通过海陆两条商贸路线与丝绸之路上诸国之间的经济、文化交流。

第三章
隋唐盛世经济的变革与创新

中 国 篇

隋五铢：隋唐繁盛的序曲和五铢钱的绝响

汉武帝时期的五铢钱，不仅形制浑厚匀称，文字端庄俊秀，而且大小得体，轻重顺手，因此广为流通数百年之久。但是汉室政权衰亡之后，中原大地迎来了一场长达数百年的大乱世，原本稳定的经济市场被彻底搅乱，各个政权推出的新五铢质量也越来越差，市场上开始出现"物贵钱贱"的现象，百姓对货币也失去了信心，改用谷帛维持交易。但再混乱的局面也有终结的那一天：公元581年，隋朝建立；隋开皇九年（公元589年），隋朝灭掉南陈，天下再度归于大一统，市场经济才开始逐渐好转。隋五铢也正式登上了历史的舞台。

隋五铢，发行于隋文帝开皇年间，因此又叫开皇五铢。据《隋书·食货志》记载，隋五铢"背面肉好，皆有周郭"。从中可以看出，隋五铢保持着圆形方孔的模样，圆边和方孔处有凸起的轮廓。

隋五铢每一千钱重四斤二两，钱身上面有小篆体的"五铢"二字。"五"字交叉两笔大多数是笔直的，也有微曲的，横画则贯穿轮廓，靠近方孔的位置还有一道竖画，旋转过来看，像是个"凶"字。"铢"字左边的"金"字旁右敛，右边的"朱"字则上下圆折。但是，它的整体依然沿袭了汉五铢的外观。汉五铢帮助汉武帝完成了大汉经济的复兴，使得汉朝成为当时世界上最强大的帝国之一。那么，隋五铢能否为它的发行者隋文帝带来好运呢？

隋朝在隋文帝杨坚的治理下开始了开皇之治，这是一个在经济实力方面不输唐朝开元之治的盛世。隋文帝能在短短20余年间就消除几百年战乱对经济市场带来的破坏，外形精美的隋五铢起了很重要的作用。

让我们从当时的时代背景说起。汉朝灭亡之后，中国进入了一个大乱世，先是魏蜀吴三国争霸，之后三家归晋，中国迎来了短暂的和平，然而这份和平也仅仅维系了20多年，便被司马氏内部争权引发的八王之乱打破了，尚未从三国乱世中恢复的货币经济再度被推向了悬崖边缘。之后，中国的北方出现了昙花一现的五胡十六国，接着是南北朝并立。可以说，在这一时间段中，王朝政权之间的攻伐、更换从来没有停止过。在这种乱世之中，就连统治者们都过着朝不保夕的日子，又何谈民生，何谈货币经济的稳定？

隋文帝杨坚，出生在南北朝时期，其父杨忠是北周的军事贵族，北周武帝时被封为随国公。父亲去世之后，杨坚承袭父爵，又因为他的女儿被封为皇后，他被加封为上柱国、大司马。后来，北周皇帝沉迷酒色，不理朝政，杨坚遂夺权执政。公元581年，杨坚建立隋朝。

在隋朝刚刚建立的时候，整个中华大地上可谓是"民生疲惫，百废待兴"。隋文帝即位之后，便立即革新政治，出台了一系列利民的政策。他减轻刑罚，减轻徭役，减免税租，遣使均田。同时，隋文帝还下令，让各地设官仓、义仓，建立起稳定的仓廪系统。俗话说，"家中有粮，心中不慌"，民生问题是政权稳定的基础，国库里拥有充足的物资，中央政府才能控制商品的有效供给，防止通货膨胀。以现在为例，我们国家曾经在不到半个月的时间里，分三次从中央储备库中调出30000吨猪肉投放到市场，用来稳定猪肉的市场价格，隋朝的仓廪系统便与现在的中央储备库功能相似。

更为重要的是，隋文帝废除了前朝五花八门的钱币，铸行隋五铢，以支撑市场经济的稳定。仓廪系统与隋五铢这两大法宝，对隋朝经济的恢复和发展起了积极作用。

然而，对隋朝的经济发展做出贡献的隋五铢，在发行之初并不受欢迎。隋朝刚刚建立的时候，还没有与百姓建立起信任关系，隋五铢虽然是中央政府明令发行的唯一货币，却还没有五行大布、永通万国、常平五铢等前朝的钱币受欢迎。为此，隋朝政府在四方关卡设立"样钱"，守卫者对过关者所带铜钱进行检查，合格的铜钱可以被带过关，而不合格的钱要被没收，集中销毁后改铸为隋五铢。

这仅仅是隋五铢发行后遇到的第一个难题。隋政府前脚刚刚解决掉这个问题，后脚隋五铢就遭到了私铸货币的冲击。这跟汉武帝币制改革时遇到的难题几乎一样，汉武帝的解决方案是，收回以前郡国的货币铸造权。隋文帝虽然也想严禁私铸，却找不到明确的目标，因为这些私铸币的铸造者并非某一方势力，他们是一些民间的、隐匿的、分散的私铸者。尽管私人铸造货币触犯了"天条"，但是"天下熙熙，皆为利来；天下攘攘，皆为利往"，只要有足够的利益，就肯定有利欲熏心的胆大妄为之人去舍命追逐。

此外，隋朝之前是一个几百年的大乱世，政权朝不保夕，政策朝令夕改，根本无暇顾及货币的造假问题，这也使得私人铸币有机可乘。隋朝建立之时，货币私铸业已经有了几百年的历史，形成了一个相当成熟的灰色地带。这些私铸者手里有铜，有锡、铅，有铸造技术，随时可以铸造大量货币，冲击现有的市场经济。

为了彻底解决这个问题，隋朝中央政府只得再次出台严令，禁止私人交易锡、铅，所有的锡、铅矿产必须由中央政府垄断，以期从原材料上解决货币私铸的问题。这一次，私铸产业终于得到了有效的遏制，隋五铢的主流地位也越发稳固，隋朝的经济也开始一步步稳定地增长起来，并最终形成了"开皇盛世"，全国耕地亩数迅速增加，国库充盈。据史料记载，仅仅一个洛口仓，便有存粮2400万石。这种繁荣的社会景象也被史官写作"比汉代文景，有粟陈贯朽之积"。

也许是眼前的繁华盛景太过耀眼，隋文帝忽视了光芒之下隐藏的危机，最终导致隋朝这个强大的王朝"二世而亡"，仅仅存在了38个年头。这个暗藏的危机不仅仅来自我们所熟知的隋炀帝杨广，还有隋五铢的赐炉制度。

隋炀帝杨广是隋文帝杨坚的二儿子，他被后人骂了1000多年。他在位时，大兴土木，修建运河，三征高丽。不过，与同样导致王朝二世而亡的胡亥相比，杨广无疑更具野心，只是他的野心并没有让他建立起丰功伟业，反而一步步掏空了他父亲杨坚攒下的家底。

隋五铢的赐炉制度，就跟杨广有关。在隋五铢成为官方唯一指定的货币之后，铸币权为朝廷所垄断。可是，深信"家天下"理念的隋文帝却对这个特权稍加改动：他将铸币权变成了一份赏赐、一份荣耀，颁赏给自己的儿子们，让王子们可以在地方开炉铸币，这就是赐炉制度。

第一个获得这份荣耀的，便是当时还是晋王的杨广。开皇十年（公元590年），隋文帝让杨广在扬州开五炉铸钱。扬州属于南陈旧地，与隋朝中央政府之间向来貌合神离，而隋文帝让杨广在扬州铸钱，是表达中央政府对于扬州的重视，希望收服民心。杨广在历史上不仅是一个公认的暴君，也是一个公认的聪明人，他自然看透了隋文帝的心机，知道这既是一份赏赐，更是一份考验。

所以，杨广在铸币的时候故意模仿陈五铢的风采，将钱币文字的笔画做得很细，设计上更具南方的秀丽优雅。同时，因为扬州地区铜矿较少，而锡、铅较多，杨广便在钱币中掺入了锡、铅，以降低成本。因此，杨广铸造出来的五铢钱颜色发白，被称为"五铢白钱"。"五铢白钱"虽然与开皇五铢有所不同,但基本的形制、重量还是跟开皇五铢差不多,所以杨广的这次铸币在杨坚眼中有功无过。

借着这个机会,杨广又以"江南钱少"为由申请在鄂州铜矿处开炉铸币,这马上得到了杨坚的肯定,赐十炉铸币。杨广作为一个野心勃勃的皇子,对钱财的欲望当然不会小,在获得更多的铸币权之后,他对铸币材料动了手脚,减少铸币材料中的铜含量,从而中饱私囊,获得自己想要的财货,而铸造出来的货币自然是变轻、变薄了。

除了杨广之外,隋文帝还让汉王在并州铸钱,让蜀王在益州铸钱。汉王和蜀王也有私欲,在铸造钱币的时候大都偷工减料,一大批成分不足的货币面世后,极大地扰乱了原本稳定的货币市场。

等到杨广即位,由于其穷兵黩武,大兴土木,中央的财政入不敷出,所以杨广非但没有对已经开始动荡的货币市场严加管制,反而继续减轻新铸钱的重量,并且要求这价值远远不如开皇五铢的新钱与开皇五铢平价流通。这时,曾经被隋文帝杨坚打压下去的私铸币又不甘寂寞地出来分一杯羹,最后出现了《隋书》中记载的情景:"大业已后,王纲弛紊,巨奸大猾,遂多私铸,钱转薄恶。"

朝廷在开皇年间建立的货币信用彻底毁在了隋炀帝手中,物价大幅上涨,甚至出现了"斗米千钱"的现象。百姓怨声载道,流离失所,农民起义军也顺势而出,最终演变成了隋唐小说演义中的"十八路反王,六十四路烟尘",而"物贵钱贱"这一点,更是延续到了隋朝灭亡。

从雄才大略的汉武帝"罢半两,行五铢"开始,到功过难评,一句"好头颅,谁当斫之"的隋炀帝结束。在这700多年的岁月中,我们可以看到,所有的货币都只是一个工具,其本身并不能带来霉运或好运。王朝的兴衰,最终还是取决于统治者的政策。视民如子,以民心为所向,克勤克俭,励精图治,方为强国之道。当隋朝的大旗被各路起义军践踏在地上,隋文帝建立的隋五铢制度,也彻底宣告崩溃,这是五铢钱制度在中国历史上的绝响。虽然隋五铢落幕,但是它也为我们拉开了盛世大唐的序幕。

开元通宝：通宝钱制新纪元背后的暗流涌动

唐朝的开元盛世，四方来朝，流光溢彩，是中国古代历史的巅峰时刻，也是众多文学、影视作品的灵感源泉。当时的钱币——开元通宝，是不是也跟盛唐一样华丽厚重呢？它跟唐玄宗有什么关系呢？跟开元盛世有什么关系呢？

开元通宝继承了自秦半两以来的东方钱币设计，造型外圆内方，直径八分（约2.4厘米），重二铢（3.98克），积十钱为一两，一千钱共重六斤四两。"开元通宝"中的"开元"二字与唐玄宗以及开元盛世没有任何关系，毕竟开元通宝诞生的时候，唐玄宗还没有出生。实际上，开元通宝并不是年号钱，早在唐玄宗使用这一年号前大约一百年，也就是唐高祖时期，开元通宝钱币就已经被铸造出来了。

一般来说，一个事物诞生之后基本会按照生老病死、成住坏空的自然规律一路演化下去，但为什么隋五铢刚刚诞生不久就沦落到被开元通宝取代的地步？事实上，隋五铢本身没有问题，出问题的是它的创造者——隋王朝。隋朝与秦朝都是华夏文明大一统王朝中的短命王朝，并且继承它们的王朝都开启了中华文明的辉煌时刻，人称强汉盛唐。巧合的是，隋与秦都是二世而亡，并且二世最开始都不是王朝指定的接班人。

隋炀帝即位之后急功近利，大兴土木。他和王莽很像，都活在自己的想象世界当中，完全不顾现实社会的客观规律，一味地贪功冒进。短短十余年，天下再次陷入群雄并起、逐鹿中原的王朝乱世。

当时，各地仍坚持使用隋五铢。之前隋炀帝杨广推行钱币减重的通货膨胀政策，铸造轻薄的五铢钱，民间跟风效仿，私铸之风愈演愈烈。有史书记载，当时甚至用铁皮，或者裁衣糊纸当钱使用，致使物价飞涨。隋五铢流通的弊端已经大大显现。朝野对五铢钱都已彻底丧失了信心，亟须铸造一种新的钱币来取代它。

等到李渊初入长安，民间已经通行一种"绖环钱"，这种钱十分轻薄，攒够八九万文才满半斛。因此，武德四年（公元621年）7月，唐高祖李渊开始进行货币改革，废除了已经使用700多年的五铢钱，铸造新钱，取名开元通宝。

以往的钱币，名字一般是两个字或三个字，如铜贝、齐刀、五铢钱等，怎么开元通宝就变成了四个字呢？

其实，用四个字命名钱币不是唐朝开的先例。自三国以来，新铸造的一些货币已经逐渐摆脱了以往五铢钱的束缚，开始了使用四个字来作钱文的新例。最早的四字钱文应该是王莽的"六泉"，如大泉五十、小泉直一等。自三国时期的直百五铢、太平百钱、大泉五百以来的400多年间，无论南朝还是北朝，先后铸造的太货六铢、大夏真兴、太和五铢、永通万国等钱币，都是用四个字作为钱文，这使得四字钱文逐渐成为一种新的风气，开元通宝钱名称的产生也就不足为奇了。

那么，为何选择"开元通宝"这四个字呢？

据《旧唐书》记载，开元通宝的钱文是由大书法家欧阳询制词并书写的。钱文体作八分书，其字在篆隶之间，清丽遒健，独步古今。"开元"一词，也不是唐代首创，东汉班固的名作《东都赋》中说"夫大汉之开元也，奋布衣以登皇位"，"开元"意思就是开辟新纪元。

而"通宝"一词，唐代以前没见使用过，应该是欧阳询所创造的词。"通"字有流布无碍之意，北周铸有"永通万国"钱，表达的就是这个意思。"宝"字在古代指珍宝，货币也属于宝物，因此可以称为宝。如《汉书》记载，周景王所铸大钱，文曰"宝货"，王莽也曾实行过所谓的"宝货制"。欧阳询书写钱文时用"宝"字，就是沿袭这一用法。两字合在一起，即"通宝"，意思就是通行之宝货。

李渊作为大唐盛世的开创者，他最为人熟悉的称呼竟然是李世民的父亲，这与他自身功业毫无关联，不得不说，李渊的能力被大大地忽视了。仅凭推出开元通宝这一件事，就已经证明了李渊的远见卓识。也许有人会说王朝统一之后，用发行统一的货币来昭示天下是常规操作，但李渊发行开元通宝并不只是一次简简单单的货币更新，而是一次全新的货币革命。

如果只是进行简单的货币更新，那么继续沿用已经通行了

700余年的五铢钱体系，换一个新名字即可。但李渊发行的开元通宝结束了以铢、两等重量单位作为钱币名称的货币制度，转而向抽象化、符号化发展，并最终形成通宝制度。同时，在确立通宝制度之后还对衡法进行了更改。

唐朝以前，我国的衡法以铢为计算单位，二十四铢为一两，也就是二十四进位制，而自开元通宝开始，改用两、钱、分、厘的十进位制。每十个单位进位一次和每二十四个单位进位一次，哪个计算难度更小呢？不用解释。在大多数平民百姓都是文盲的时代，十进位制显然更方便。此外，还可以从另一个侧面看出李渊对于开元通宝是多么地重视，那就是选欧阳询做题写人。欧阳询不是一般人，他累任给事中、太子率更令、弘文馆学士等职位，由他亲自书写钱币名称，足见这枚钱币的地位之高。

也正是由于李渊的高度重视，这次全新的货币改革获得了很大的成功。开元通宝的铸造，是继秦始皇统一货币之后中国货币史上的又一个黄金时刻，它开启了我国货币史上的一个新纪元。

自武德四年发行以来，在唐朝近300年的历史中，开元通宝一直是钱币界的超级明星，其他钱币，比如乾封泉宝、乾元重宝、大历元宝、建中通宝等，跟它相比可谓是萤虫之火比皓月之光。这种强大的影响力在唐朝灭亡之后依然没有消亡。五代十国的时候，南方的闽、南唐、吴越、南汉等割据政权都流通过开元通宝。到了北宋初年，还曾有仿铸开元通宝的现象，甚至清雍正年间，两广偏远地区的市面上还有大量的开元通宝流通。由唐高祖开创的通宝元宝币制，一直流传了1300多年，直到袁世凯称帝时仍在发行新币。中华民国成立后，通宝元宝制才真正废除。大唐的辉煌，名副其实。

开元通宝的版别很多，它的发展大致可以分为初唐、中唐、晚唐三个时期。

初唐武德开元，是它的诞生期，一登场就自带光芒，绝对算得上是优质钱币。其材质纯净，技术精良，其上的文字由欧阳询亲自书写，字字深峻清晰，方圆兼备。"开"字的间架结构方正匀称，横竖笔画疏密得当，清晰有力；"宝"字则非常庄重、沉稳，笔画散发出一种圆润通透的韵味。总体来看，"开元通宝"四个字的书写比较完美地传达出了"开辟新纪元、流通宝货"的内涵，体现了唐朝建国之初海纳百川、有容乃大的广阔胸襟。值得注意的是，此时的开元通宝背面光滑，没有任何标识，这就是专业人士挂在口边的"光背"。

到了中唐，进入发展期的开元通宝开始发生变化，首先是钱币上的文字由端庄、沉稳变为纤细、疏朗、清秀，钱背上出现了星、月、云、波、圈等各种纹饰。这些纹饰形态各异，即使是同样的纹饰之间也有细微的区别。比如目前出土最多的月纹钱币，就可以区分为上弯仰月、下弯俯月、穿旁侧月等。这些月牙痕跟人的指甲掐出的指痕极其相似，所以就有了是皇后在钱模上留下指痕的故事。但最靠谱的说法，是铸造者为了区别不同的铸炉或其他检验方面的原因而做出的简单标志。

晚唐开元通宝，以铸造于唐武宗会昌年间的会昌开元为代表。它的特点是各地所铸的钱币都会在钱背部分增加钱局所在地的地名，比如京代表长安，洛代表洛阳，益代表成都，荆代表江陵，襄代表襄阳，等等。

由于唐朝巨大的国际影响力，开元通宝在周边各国的接受度也不可小觑。丝绸之路当然是一个绕不开的话题。大一统帝国的建立，再加上唐帝国一直坚持的对外开放的贸易态度，使得这一时期丝绸之路的贸易交流出现了前所未有的繁荣景象。波斯、拜占庭、阿拉伯、非洲、印度半岛等世界各地的商人，纷纷来到唐朝的首都长安进行贸易交流。

其中，波斯商人因为携带的是奇珍异宝和各种珍稀的动物，成为丝绸之路上颇受欢迎的贸易者。其他各国也各领风骚。在武德年间，高昌国"献狗雌雄各一，高六寸，长尺余，性甚慧，能牵马衔烛"，类似新奇的东西，给朝廷内外平添了很多的乐趣。西域和中亚商人在长安开设珠宝店、酒店、香铺等，我国的诗仙李白就曾在"胡商"开设的酒店里畅快痛饮，有诗为证："落花踏尽游何处，笑入胡姬酒肆中。"

有输入自然有输出。唐朝的陶器、瓷器成为丝绸之路贸易的王牌产品，之后指南针、造纸术、火药等新技术也随着丝绸之路贸易传播出去。而这些贸易交流的"幕后推手"，就有铸造精美、形制统一的开元通宝。

同时，作为当时东亚地区的龙头老大，开元通宝自然是东亚各国的模仿对象。公元708年，日本仿开元通宝铸造了和同开珎；公元8世纪，粟特人也铸造了类似的圆形方孔钱；公元970年，越南发行了太平通宝；公元1102年，朝鲜推出了海东通宝。

可以说，如果没有开元通宝的出现，整个东亚乃至东南亚共同认可的以中国为核心的东方钱币体系就不会形成。开元通宝的广泛流通也说明了当时华夏文明的巨大影响力，每一个中国人都会因为历史上曾有过如此一段盛世而由衷地自豪。

乾元重宝：唐中大钱与安史之乱

唐朝初期，开元通宝取代了隋五铢，将货币市场稳定了下来。随着唐太宗李世民的贞观之治，大唐渐渐从隋末乱世的烽火硝烟里走了出来，百姓安居乐业，民生经济开始复苏。到了唐玄宗李隆基在位时，唐朝国力达到了鼎盛，形成了"三年一上计，万国趋河洛"的盛世局面。曾经热播的《长安十二时辰》展示的便是这个时期的盛景。在剧中，我们能够看到大唐虽然繁荣，却也危机四伏。纵观"二十四史"，"盛极必衰"这一规律是封建王朝打不破的魔咒，随着开元盛世的落幕，大唐经济迎来了自己的低谷。大唐在这次经济低谷中发行流通的货币就是乾元重宝。

"乾元"二字在中国古代圣人所集成的《易经》这本解开宇宙人生密码的书籍中被精辟归结为"开创"之意。《易经》的代表性八卦符号列乾（即天）为首，释天创生人与万物，使之循环运转而生生不息，语意简练，内涵深广。

乾元重宝发行于唐肃宗乾元元年（公元758年），钱币上的"乾元"二字因年号而得名。为什么叫"重宝"呢？这是因为乾元重宝直径2.7厘米,重5.97克,相较于开元通宝,它更大,更重。正是因为如此,百姓也将这种钱称为"乾元大钱"。

乾元重宝正面的文字是隶书,顺读(钱文自上而下,自右而左读的,叫直读或顺读;钱文自上、右、下、左而读的,叫回读或旋读),书法精妙。钱币有光背的,也有背祥云、瑞鹊等纹样的。整个钱币单从铸造工艺来讲,绝对可以称得上制作精良。一般情况下,政府发行铸造精良的货币,是为了建立一个稳定的货币体系,推动社会经济的正常发展。但是,唐政府发行乾元重宝却另有目的,它的发行并不是为了维护市场的稳定,而是为了帮助唐政府从百姓手中敛钱。

那些私铸货币者靠发行劣币来赚取钱财,而唐政府发行制作精良的货币还能赚钱,这是怎么做到的呢?

乾元重宝重5.97克,而开元通宝重3.98克,按照正常的兑换比例,一枚乾元重宝最多能兑换1.5枚开元通宝,然而唐政府却规定一枚乾元重宝可以兑换10枚开元通宝。这样一来,政府每发行一枚乾元重宝,便可以从百姓手中净赚8.5枚开元通宝。按钱币的含铜量来算,唐政府用10斤铜就可以从民间兑换到64斤铜。如此反复兑换更铸,铸行乾元重宝就成为朝廷发财的捷径。

这跟汉武帝铸造白金三品很相像。不同的是,汉武帝在之后的货币改革中很快便废除了白金三品,而唐肃宗非但没有废除乾元重宝,反而变本加厉,仅仅过了一年,他便又新铸了更加厚重的钱币——重轮乾元重宝。重轮乾元重宝的钱径增加到3.5厘米,重量增至11.94克。重轮乾元重宝重量大约是开元通宝的3倍,但是唐政府却规定一枚重轮乾元重宝可以兑换50枚开元通宝。这便是唐肃宗在《铸一当十钱诏》中写到的："冀实三官之资，用收十倍之利。"

如此大规模地从民间敛财，势必会造成社会经济的动荡。对于汉武帝铸造白金三品的前车之鉴，相信向来讲究"以史为镜"的唐朝统治者也清楚，那么究竟是什么原因使唐肃宗推出了这项饮鸩止渴的政策呢？

原因很简单，就一个字——穷。当时的唐王朝连官员的俸禄都发放不起。为什么呢？这就要从那场"野旷天清无战声，四万义军同日死"的安史之乱讲起了。

天宝十四载（公元755年），安禄山以诛杀奸臣杨国忠为名，起兵南下反唐。安禄山本是一个普通的胡人，凭借着战功被提拔为偏将，之后他结交权贵，贿赂重臣，而且时不时地在唐玄宗面前献媚。起兵的时候，安禄山已经是范阳、平卢、河东三镇节度使，手握重兵。

安逸太久的唐玄宗在得到安禄山起兵的消息之后，根本不相信那个常常在自己面前跳胡旋舞的大胖子会造反。安禄山的20万叛军一路势如破竹，没遇到多少抵抗便攻占了洛阳。

次年，安禄山自称雄武皇帝，立即进攻长安门户潼关，但是晚年昏聩的唐玄宗听信谗言，诛杀了名将封常清、高仙芝，强令潼关守军出关，使得唐军在安史之乱的前期一败涂地。大唐都城长安陷落，唐玄宗仓皇西逃蜀中，至马嵬坡发生兵变，奸相杨国忠被杀，其妹杨玉环即唐玄宗爱妃杨贵妃也在这场动乱当中魂断马嵬坡。败军在雨中溃走,风雨如晦,马铃声在山谷中孤寂地回荡,凄凄惨惨。唐玄宗因此制《雨霖铃》曲。这就是宋词当中著名的词牌《雨霖铃》的由来。

北上监军的太子李亨即位于灵武(今宁夏回族自治区灵武市),即唐肃宗,遥尊玄宗为太上皇,指挥唐军对叛军展开了反击。战争伊始,唐朝贮粮地河北、河东、河南、关内四道,及中央国库清河郡、洛阳、长安大都遭兵火,致"民物耗弊,天下萧然"。

安史之乱共持续了八年之久,烽火连天,将曾经不可一世的唐王朝摧残得千疮百孔,朝廷和民间的财富损失殆尽,物价纷纷上涨。开元盛世的时候,长安、洛阳的米价每斗不过20文,面每斗32文,一匹绢210文,史书称"自后天下无贵物"。但是,经过安史之乱,粮价飞速上涨,米价每斗400文,有些地方甚至涨到1000至1400文,这早已超出了普通百姓的承受能力。

同时,战争还使得人口数量锐减,很多地区"人烟断绝,千里萧条"。根据史料记载,在安史之乱之前的天宝十三载(公元754年),全国有大约906.9万户,5288万人,而到了安史之乱后的乾元三年(公元760年),全国只有大约293.3万户,1699万人,人口下降了三分之二以上。这也有了杜甫"寂寞天宝后,园庐但蒿藜。我里百余家,世乱各东西"的诗句。

在一个以农业为主的封建王朝里,人口锐减造成的直接后果便是田园荒芜、粮食歉收,这又导致政府财政收入不足。开元盛世时期,税收曾经超过3000万缗(成串的铜钱,每串1000文),

而到了唐肃宗乾元年间，税收仅仅为400万缗，纳税的人口也不足安史之乱前的三分之一。雪上加霜的是，当时的河北、河南、山东、荆襄和剑南等地赋税根本不上缴朝廷，这使得唐政府的财政愈加紧张。

战争需要钱财的支撑，因此朝廷也只得加紧搜刮民财而为战争聚资。为此，朝廷出台了一系列苛捐杂税名目。杜甫写的"三吏"和"三别"，记述的正是百姓所承受的兵役之苦和赋税之重；这些虽多发生在"安史之乱"中，但战后的情况也大体如此。安史之乱最终以唐朝政府胜利告终，但是人口锐减、经济倒退、物价飞涨、民生凋敝等一连串的危机却并没有随着战乱的结束而消失。

唐王朝如果依然一味地靠增加苛捐杂税来维持财政，各种社会矛盾无疑会越来越激化，那么这艘千疮百孔的大船随时会有倾覆的危险。

为了获取平叛官兵耗量巨大的经费，平衡财政供求矛盾，唐王朝一方面对人民强行摊派、勒索，另一方面实行通货膨胀，发行虚值大钱。据《新唐书·食货志》载："肃宗乾元元年，经费不给，铸钱使第五琦铸'乾元重宝'钱，径一寸，每缗重十斤，与开元通宝参用，以一当十，亦号'乾元十当钱'。"唐王朝以一种更加隐蔽的方式从民间继续掠夺钱财，以期渡过这场经济危机。

大钱的流通虽然缓解了中央财政的负担，但在民间引起了严重的通货膨胀。百姓平生积蓄的"开元通宝"钱，一下子贬值了十之八九。市场上，米价也飙升至一斗7000钱，比安史之乱中的粮价还要高上四到五倍。

当时发行虚值大钱导致通货膨胀，使饱受战乱之苦的人民雪上加霜。全国物价飞涨，民不聊生，怨声载道，百姓们为了活下去不得不盗铸大钱。在短短的几个月内，因私铸钱币而被拷打致死的就有800多人，但盗铸行为依然屡禁不止。铸行乾元重宝的改革也因此遭到朝廷上下的责难。据史书记载："中外皆以琦变法之弊，封奏日闻。"朝廷无奈，只能将第五琦贬官。

上元元年（公元760年），度支郎中刘晏接任铸钱史。刘晏是中国历史上著名的理财家，他在担任新职务之后立即对货币政策进行了革新。首先，他调整了乾元重宝、重轮乾元重宝与开元通宝的兑换比例，将乾元大钱的法定价值减至一当三，乃至与开元通宝平价流通，即基本上使各种铜钱都按照其实际价值流通。

之后，刘晏将乾元大钱的法定价值贬低到它的实际价值以下，使得两种乾元大钱成为良币，有意识地利用劣币驱逐良币定律，迫使乾元大钱退出流通界，从而恢复了原来开元通宝的正常流通制度，达到统一币制的效果，这就是中国历史上利用劣币驱逐良币规律恢复经济正常运转的经典案例。

乾元重宝从乾元元年（公元758年）开始铸行，到唐代宗宝应元年（公元762年）退出流通领域，共流通了五年，为时虽不长，但影响深远。一方面，这是历史上最早称"重宝"的钱，开启了后人不断以铸造"重宝"来实行通货膨胀政策的恶例。另一方面，乾元重宝使得货币开始有了虚实之分。"虚实"这一概念在经济史上最早还要追溯到汉朝，《盐铁论》中记载了主持汉五铢币值改革的大臣桑弘羊的话:"以末易其本,以虚荡其实。"这里的虚是指货币,实是指商品,虚实概念还只是用来形容商品和货币的关系。

乾元重宝发行之后,虚实概念便直接赋予货币本身,"实"是指足值铜钱,而"虚"则是指不足值的铜钱。乾元重宝便是典型的虚钱。这是"虚实"概念首次包括了流通界不同性质或种类的货币间的关系,而"虚实"作为货币范畴这两方面的内涵,在我国封建社会后期的宋元时期更有新的重要发展。

透过乾元重宝,我们了解了盛唐时代的落幕。安史之乱的烽火将大唐的繁华化为了焦土,虽然以后李唐的统治者也曾不断做出改革,但是朝廷内部矛盾重重,使得大唐再也没能恢复"昭昭有唐,天俾万国"的威仪。

飞钱：纸币的雏形，孕育中国最早的金融市场

2019年8月30日，中国人民银行发行了2019年版第五套人民币，引起了广泛关注。这次发行的新版人民币中的纸币顺应了新时代的审美潮流，提升了票面色彩鲜亮程度，优化了票面结构层次与效果，因而一经发行便得到了众多人的喜爱。说到纸币，目前业界公认的世界上最早的纸币出现在中国，它就是北宋的交子。任何事物的诞生都有一个过程，本节我们就来了解一下交子的雏形——飞钱。

飞钱诞生于唐宪宗元和元年（公元806年）。《新唐书·食货志》云："宪宗以钱少，复禁用铜器。时商贾至京师，委钱诸道进奏院及诸军、诸使富家，以轻装趋四方，合券乃取之，号飞钱。"当时钱币缺乏，各地禁止钱出境。各地在京商人将货物售出以后，把所得款项交给他所属的道的驻京办事处——进奏院。进奏院收取钱款以后，开具一张凭证，上面记载着所在地以及钱币的数目，并将这张凭证分成两半，半张给商人，半张寄回本道。商人回到本道以后，就可以拿着自己的凭证去取回货款。这个凭证就

是"飞钱"。

由此我们可以看出,飞钱并不是钱币,因为它不具备货币必须拥有的流通功能。虽然它在商人和政府之间流通了,但流通的过程是单线的。比如甲州驻京师的进奏院,只能办理汇往甲州的飞钱;如果需要汇钱到乙州,就要在乙州驻京师的进奏院办理。

由此可见,飞钱是一种只在小范围流通的定点凭证,其作用相当于现在现金汇兑的汇票或存折。飞钱又被称为"便换""便钱",大概意思是方便换钱。所以,飞钱不是纸币,只是纸币的雏形。

为什么会产生飞钱呢?

飞钱的产生,最大的一个原因就是唐代面临着钱币短缺的困境。可能有人会问:"唐朝,千邦进贡,万国来朝。'五花马,千金裘,呼儿将出换美酒,与尔同销万古愁',这是何等潇洒、何等豪迈的一个朝代啊,它也会缺钱吗?"

的确,唐朝缺钱。继隋后,唐统一天下,勾连运河,兴修水利,轻徭薄赋,百姓生活富足,出现了"贞观之治""开元盛世"。唐代的经济非常繁荣,商业空前兴盛,甚至出现了全民经商的局面。以新兴的茶叶交易为例,六朝以后,饮茶风气由南方逐渐传到北方,到唐后期,无论南方还是北方都已把饮茶当作一种风尚。据《封氏闻见记·饮茶》记载:"自邹、齐、沧、棣,渐至京邑。城市多开店铺,煎茶卖之,不问道俗,投钱取饮。其茶自江、淮而来,舟车相继,所在山积,色额甚多。"不仅是唐境的僧俗民众,甚至回纥人也经常用马匹到二京买茶。

商品经济的快速发展并没有改变唐朝缺钱的事实，反而在一定程度上加速了钱荒的到来。商业交流获益日益增加，使得日用品的交换也逐渐加入到长途贩运的行列，唐早期偶然性的长途贩运到唐中期已经成为一种常见的经济现象，大宗商品的远距离贸易也日益频繁。作为主要支付手段的铜钱，随着商品交换活动而大量被使用，进而导致货币短缺的困境。

唐朝缺钱的另一个原因，是国际方面对钱币的大量需求。由于唐朝建立大一统帝国后一直坚持对外开放的贸易态度，丝绸之路的贸易交流达到了前所未有的繁荣程度。这些繁荣景象的背后，是对作为支付手段的开元通宝的需求量居高不下，这也在一定程度上加剧了唐朝的缺钱程度。

除了商贸繁荣这一原因之外，和两税法也有关系。唐德宗建中元年（公元780年），宰相杨炎推行两税法以代替租庸调制。两税法就是将农业税简化为地税和户税两种，地税征粮，户税征钱，分夏、秋两季交纳。租庸调制的租为田租，租、调之外的役，可以用"庸"代替，即缴纳一定的绢或布来替代徭役。两税法是钱粮同征，而租庸调制并没有涉及钱。两税法的实行使货币的流通范围增大，农民生产的布帛等物品更多地进入流通渠道，而国家的各种支出以及民间对货币的需求量都增多了，甚至在一些货币经济不够发达的地区，也开始流行使用铜钱。

据《新唐书·食货志》记载："大历以前，淄青、太原、魏博杂铅铁以通时用，岭南杂以金、银、丹砂、象齿，今一用泉货，故钱不足。"社会对货币的需求量增加，铜的缺乏却使铸币日益减少。也就是说，铜钱需求量一直在增长，但供给量却在不断下滑。具体表现是唐王朝自身生产钱币的数量在逐渐下降。这又是怎么一回事呢？

其中原因众多，首先它与唐王朝的信仰有一定的关系。李唐建立之初，因老子李耳与其同姓而定老子为祖宗，又因老子是道教的始祖，而制定尊祖崇道国策，后继的统治者均遵从祖制。佛教自汉代就已传入中原，经历了几百年的发展之后，与本土文化逐渐融合。魏晋南北朝时，儒学势衰，佛教兴起。有唐一代，唐高宗李治和武则天更是大力弘扬佛法，信众倍增。包容开放的宗教政策，促使唐朝名僧大德纷纷涌现，玄奘、法藏、神秀、慧能等声名鹊起，各种佛教宗派林立。佛教一步步力压道教、儒学，一跃成了当时的国教。

伴随着佛教的盛行，大量佛像和法器被铸造出来，而制造这些东西的原材料跟钱币一样，都是铜。《旧唐书》记载："五台山有金阁寺，铸铜为瓦，涂金于上，照耀山谷，计钱巨亿万。"巨亿万，这是何等的规模！但是这些辉煌的背后却也隐藏着矿产资源被大量浪费的危机。

矿产资源作为不可再生资源，用一分少一分，再加上当时的开采技术有限，浪费的也比较多，使得铜的产量逐年减少，铜荒出现了。而没有了造钱用的铜，铜钱自然而然也就短缺了。《新唐书》记载，唐玄宗天宝年间，"天下岁铸三十二万七千缗"，而到唐宪宗的时候，"天下岁铸钱十三万五千缗"。短短几十年，货币的铸造量就下降了近三分之二。也许有人会说唐玄宗时期不是出现了安史之乱吗？这应该是战争造成的戕害。但宪宗在位时期，安史之乱已经过去了几十年，战争造成的伤害应该已经得到一定程度的恢复。因此，主要原因还是铜资源的供给量下滑的影响。

当时还有一个很尴尬的事实，那就是铜钱居然不如铜值钱。贞元九年（公元793年），张滂上奏有人私自将一千钱熔为六斤铜，然后用这六斤铜制成器物售卖，可以获得三千多钱。同等重量的铜做成钱和做成器物会有三到四倍的价格差距。马克思说过，一旦有适当的利润，资本家就会大胆起来：有百分之五十的利润，他就能铤而走险；为了百分之一百的利润，他就敢践踏一切人间的法律……所有人都很难摆脱趋利避害的生物本能。为了获取丰富的利润，有些唐朝人常常私自熔化铜钱，做成器具售卖。

结合前文，我们可以看出，铜资源的需求量不断增大，而供给量却逐渐减小。因此，铜钱铸造困难这一情况就不可避免地发生了。为了摆脱这种困境，飞钱应运而生。

飞钱分担了铜钱所遭受的压力，缓解了货币流通过程当中铜钱总数不足的窘境。同时，飞钱的出现使得货币流通更加便捷。有了飞钱，商人和旅客就不用在艰难的长途跋涉中携带大量的铜钱了。这为全国各地的贸易活动带来了极大的方便。

飞钱的出现标志着中国货币逐渐由实体价值向符号价值转变。开元通宝的出现标志着货币制度开始向抽象化、符号化发展，而飞钱的出现就是这种抽象化、符号化的具体产物之一。虽然开元通宝不再以重量作为货币名称，但它的铸造材料还是铜这种实体材料。而飞钱从材料上来说只是纸和油墨的组合，已经基本摆脱了具有实体价值的矿产资源，因此，飞钱在我国货币史上所具有的重要地位是无法抹杀的。

与飞钱一起诞生的，还有供给抵押信用的质库——类似于现在的当铺，还有收受、保管钱财的柜坊——类似于银行，从事金银买卖和兑换的金银店，政府参与放债活动获取的公廨本钱。它们共同构成了我国最早的金融市场，发挥着促进商业、货币经济与信用关系的功效，并最终带来了城市的繁荣。可以说，飞钱参与到了我国最早的金融市场的建设，是不能忽视的，飞钱的诞生标志着我国古代社会信用关系已发展到一个新的高度。

世界篇

和同开珎：盛唐影响下的东洋钱制

众所周知，大唐在鼎盛时期，对周边国家的影响力极大。其中与我们一衣带水的邻邦——日本，便是受大唐文化熏陶的典型代表。这不仅表现在政治、文化等方面，在经济与货币方面也有着重要的体现。和同开珎就是在大唐通宝钱制的影响下，日本铸行的货币。

和同开珎始铸于日本元明天皇和铜元年（公元708年），钱币通体仿照唐朝的开元通宝，即圆郭方孔。钱币正面是"和同开珎"四个隶书体的汉字，钱币背面是光背。之所以钱文用汉字书写，是因为他们当时使用的文字就是从我们国家学到的汉字。直到今天，我们依然可以在日本文字中看到很多汉字的痕迹，这都是源自中国的影响。

和同开珎中的"和同"代表着年号，"同"是"铜"的简化，"开珎"是"开元通宝"的缩写，"珎"字取自繁体字"寶"的中间部分。和同开珎直径2.4至2.7厘米，重3.2至5克，基本上和唐朝的开元通宝保持一致。二者不同的是，开元通宝只有铜钱一种，而和同开珎开始的时候则有铜、银两种，后来因为铸造铜币比铸造银币费用低、产量高，所以铜币成为主要的流通货币。日本在铸造和同开珎的时候，还曾聘请过唐朝的铸工去帮忙，所以和同开珎在铸造工艺上也跟开元通宝不分伯仲，属于难得的良币。

和同开珎和开元通宝的一系列相似之处，向我们证明了在那个时代，日本对唐朝先进文化的模仿与学习。唐朝文化海纳百川，唐朝对前来学习的日本人民毫不悭吝，日本天皇对大唐文化则十分敬仰和推崇。元明天皇是日本第43代天皇，是一个女皇。她的儿子文武天皇是她的上一任天皇，文武天皇英年早逝，而继承人年幼无知，所以元明天皇才继位，成为一个过渡人物。

作为一个过渡型的天皇，元明天皇在位时间只有八年，但她政绩斐然。其中最为重要的原因，便是在元明天皇的支持下，日本持续派出遣唐使到唐朝，学习大唐的政治制度与先进文化，提升、改造相对落后的日本社会。遣唐使团经过认真考察，认为唐朝的律令制度、货币制度以及壮丽的首都城市建设都是日本所急需的，所以在使团归国之后，各项改革在元明天皇的主持下提上了日程。

从日本史籍当中我们也可以看到，日本政府先是设置"铸钱司"，负责铸造货币。和铜元年二月，日本设置了"催铸钱司"，它负责监督各地铸钱司的官员。和铜元年五月和八月，日本分别铸造发行了和同开珎的银币和铜币，从此改变了历来以谷帛交易的状况。此外，元明天皇还仿效唐律颁布、推行了日本史上第一部成文法典《大宝律令》。

这个时候的日本,还仿照大唐长安城的格局建立了一座新的城市——平城京(今奈良)。平城京城市东西长约六千米,南北宽约五千米,其中作为皇宫的平城宫位于城市北侧中央。整座城市被朱雀大路由北向南分为两边,东侧称左京,西侧称右京,又有数条东西、南北向的大路将城市分割为84坊。

电视剧《长安十二时辰》中,靖安司中的长安沙盘便是日本遣唐的匠人打造,准备带回国依样建立新都城。根据史料记载,平城京建立之时,由各地迁入的人口大约20万人之多,俨然一座小长安。

和铜三年(公元710年),平城京正式建成,元明天皇下令迁都至此,这宣告了飞鸟时代的结束,同时也开启了日本历史上盛极一时的奈良时代。在这一时期,日本朝野上下皆以模仿大唐为时尚。日本的遣唐使不仅将大唐的诗词、文章、典章等大量搬回日本,还将中国盛产的物品,比如茶具等带回日本,由此大量的唐货开始进入日本。通过大唐,日本也接受了来自印度、伊朗的文化,从而出现了第一次文化全面昌盛的局面。

也正是在这一时期,佛教文化在日本大兴。举国上下开始大规模建造寺庙、雕刻佛像,佛教美术得到了很大的发展。今天我们还可以在奈良的寺院中看到那些堂皇的绘画、华丽的装饰艺术。此外,日本的国内文化也逐渐觉醒,首先是《万叶集》的编选完成。《万叶集》收录了4至8世纪中叶前后,日本人所作的大约4500首和歌,在日本国内的地位相当于中国的《诗经》。同时,日本现存最早的历史和文学著作《古事记》，以及最早的敕撰史书《日本书纪》、最早的汉语诗集《怀风藻》等都是奈良时代的文化产物。

奈良时期的繁荣，不仅仅体现在精神文化方面，日本人民的物质生活在这一时期也逐渐丰富起来。首先是遣唐使将中国盛产的物品带回日本，比如茶具、围棋、服饰等，这些来自唐朝的物品到达日本之后立即受到了人们的追捧，并逐渐形成了购买唐货的新风尚。而正是这种对于唐朝商品的渴求，使得日本国内的商业开始发展，同时也促进了和同开珎的流通。

在日本，是商业推动了货币流通，这是为什么？

这和日本的地理环境有着很大的关系。日本四面环海，国小地狭，是悬在东亚边缘的一个岛国。在唐朝之前，日本虽然和中国有所交流，但大都是局限于文化方面，这也就导致了在很长的一段时间中，日本人习惯用最原始的物物交换的方式获取自己想要的东西。和同开珎铸行之后，百姓对它不熟悉，对于货币的概念也很肤浅，所以和同开珎的使用率极低。

当那些来自唐朝的新奇商品流入市场之后，百姓发现自己想要买的东西变多了，原本的物物交易已经不能够支撑商品的流通了。在这种情况下，和同开珎逐渐被日本百姓接受。为了促进货币的流通，日本政府还在和铜四年（公元711年）颁布了"蓄钱叙位令"，即根据人手中钱币的多少授以相应的爵位。同时，日本官员的俸禄也全用和同开珎支付，这大大促进了货币在日本的流通。

根据史料记载，为了保证商业的发展，日本政府在首都平城京设立东西二市，进行物品的交易。但是，仅靠平城京的东西二市还不足以满足朝廷、官员、百姓对物品的需求，所以日本政府又在畿内的难波、泉、宇治、势多等流通要地设立庄、所，通过淀川水系和陆路的联系，形成了一个商品流通的经济圈——中央交易圈。同时，政府还在这些经济要地设立市司，专门管理市场的秩序，检查商品的质量和价格，商人需要在市司注册才能进行商品交易。

日本政府出台的这些政策，无疑对日本整体的商业发展起到了大大的推动作用。在当时，商人们的贸易活动不仅使国内各地的土特产品得以流通，还推动了日本与唐朝的渤海属国的互通有无。渤海国是唐朝时期一个以靺鞨族为主体的边疆民族政权，位于大唐的东北，与中央政权有时会起冲突。也因为如此，渤海国也和东方的日本进行交聘活动，以扩大对外经贸往来。

1933年至1934年，日本在渤海遗址发现了一些铜钱，其中有一枚是于宫城内第一殿西室北边地面上发现的和同开珎。这些铜钱的发现，对于今天认识唐王朝下的渤海国与日本的经济往来有着重要的意义。

渤海国积极与日本进行交聘活动，赠送物产，其目的主要是通过这样的活动与日本建立较为密切的联系，向日本输出自己的特产，同时输入日本的各种货物。根据藤原继绳等人所著的《续日本纪》记载，仅日本天平十八年（公元746年）就有"渤海及铁利总一千一百余人慕化来朝，安置出羽国，给衣粮放还"。对于这里的记录，较为合理的解释就是渤、日之间有着密切的经济往来。公元771年，渤海国的使团共325人到达出羽，被安置在常陆。

在这些人中，绝大多数应当是出于商业贸易目的到达日本的。根据《渤海国志长编》记载，日本清和天皇贞观十四年（公元872年），"内藏寮与渤海客回易货物，庚寅，听京师人与渤海客交易。辛卯，听诸市人与客徒私相市易。是日官钱四十万赐渤海国使等，乃唤集市人卖与客徒此间土物"。

从这里我们可以看出，渤海国与日本发生了较为密切的经济往来。大量以商贸为目的的渤海人进入日本，与日本方面进行商业往来，而双方的贸易数额也相当大。

渤海国在与日本进行交聘和商业往来的过程当中，开辟了三条由中国东北至日本的重要交通线——日本道。

商业贸易开辟的线路，使得日本可以更加频繁地吸取其他国家的优良文化，最终积攒了足够的文化底蕴，形成了日本本土文化的雏形。

总之，在大唐文化的影响下，日本进入了文化昌盛、经济繁荣的奈良时代。这个时代的日本积极与周边国家进行交流，尤其是积极主动地向中华学习，这在很大程度上对日本本土文化走向成熟、走向独立起到了促进作用。

德涅尔银币：欧洲中世纪铸币之始

在大唐通宝钱制的影响下，日本铸行了和同开珎。这一时期的欧洲钱币发展情况如何呢？此时，煊赫一时的西罗马帝国早已不复存在，维持千年统治的东罗马帝国还在顽强支撑。而取代西罗马帝国的法兰克王国此时正在锐意进取，开展着各种革新，其中就包括对西方货币体系的改革——铸行德涅尔银币。而它的出现也意味着以古希腊、古罗马为代表的西方古典时代渐渐远去，中世纪迫不及待地挤进我们的视野。

德涅尔银币正面的主体部分是字母"NPIPI"，代表法兰克王国著名的君主——矮子丕平。字母上方有一个十字架，下方则是一把战斧，隐喻着神权和王权。背面主体部分则是字母"RF"，意思为"法兰克人之王"，空白部分的装饰有横杠和圆点等。相比于过往的西方货币，德涅尔银币的最大革新之处就在于：钱币正反两面主体均由字母取代了过去的国王头像和神像。

德涅尔银币的诞生，与当时法兰克王国的经济环境有着密切的联系。而这种联系的纽带或者说中介其实是丝绸之路。我们知道，丝绸之路是东西方贸易交流的产物。这些贸易交流除了靠唐朝铸造精美、形制统一的开元通宝，还使用当时欧洲通行的货币，也就是大量的金银币。

一方面，欧洲新晋贵族对中国陶瓷、丝绸等贵重物品的喜爱，使得东西方的丝绸之路贸易越发繁荣，欧洲大量的金银币也因此随着丝绸之路上的商人成批地涌入了东方。

另一方面，欧洲自身的政局也出现了问题，罗马帝国的分裂，以及后来日耳曼人入侵带来的西罗马帝国的灭亡，都使得欧洲自身的实力变得衰弱，一个没有完全大一统的地区，想要充分开发内部的资源是一件相当困难的事儿。金银币的流失以及自身资源的匮乏，共同导致了困局的出现，使得欧洲各国陷入了黄金不足的窘境。

黄金资源的短缺，迫使欧洲诸国开始了货币改革。公元7世纪，法兰克墨洛温王朝和盎格鲁－撒克逊王国开始确立以半斯力克银币为主的货币价值体系。这次的改革使得欧洲诸国开始逐步放弃黄金货币，改铸资源相对丰富的银币，而这个半斯力克银币就是中世纪德涅尔银币的前身。

半斯力克银币没能拯救欧洲的货币经济，却为后世的改革提供了一条明确的路线。公元751年，身为墨洛温王朝唯一官相的矮子丕平在获得教皇的支持后，正式加冕称王，建立了加洛林王朝。不久，他就正式对墨洛温王朝铸造的半斯力克银币进行改革，德涅尔银币由此诞生。但是新生的德涅尔银币由于含银量较少，并未广泛流通，这种情况直到丕平的儿子查理大帝继位，才得到改善。

扑克牌里红桃K的形象就是查理大帝。作为加洛林王朝的继任者，查理大帝立法规定，所有的德涅尔银币必须由二百四十分之一磅的白银铸造而成，这使得德涅尔银币的稳定性得到了保障。而这种在查理大帝时代发行的德涅尔银币就是整个中世纪最初通行的德涅尔银币，英国的便士和德国的芬尼正是这种银币在各地的异名。

在查理大帝通过一系列的征服战争，不断扩张版图，并最终建立了查理曼帝国之后，德涅尔银币得到了更广泛的流通。在之后的5个多世纪里，法国德涅尔银币通行于整个中世纪的西欧，保证了货物在西欧大陆的顺利流通，是西欧的代表货币。

查理曼帝国的生产组织基本形式是封建庄园。国王及其臣下，教俗封建贵族都有许多庄园分布全国各地。庄园是自给自足的自然经济生产单位，一切生产主要为领主及其服役人等提供生活资料，其次也为生产者提供有限的生产与生活资料。在庄园里从事农业和手工业生产的大都是农奴或服役农民。

庄园的土地一般分为两部分，一部分是领主的自营地，是最好的土地；另一部分是农民的份地。领主自营地由服役的农民耕作，他们每周通常服役2到3天，最多4天，收获全部归领主所有。服役农民除为领主无偿耕作外，还要负担砍柴、筑路、修宅、运输等各种杂役。此外，农民还必须向领主交纳各种实物和名目繁多的其他费用。所交的费用就需要农民出售自己的农产品，以货币的形式上缴。

庄园经济无法解决人们对某些生活必需品如盐、酒等的需求，无法满足上层领主对奢侈品的需求，所以要用商业活动来弥补庄园经济的不足。这就使得德涅尔银币在国内外广泛地流通起来。

德涅尔银币的革新之处不仅体现在币面主体元素及铸造材料的变化，更重要的是，它还带动了欧洲中世纪信贷制度的发展。德涅尔银币和中国的飞钱非常相似，诞生的原因都是自身资源的缺失以及资源外流。德涅尔银币与飞钱的类似之处还不止这些。飞钱的诞生，标志着中国古代社会信用关系已发展到一个全新的阶段。飞钱和与它一起诞生的质库、柜坊、金银店、公廨本钱等共同构成了我国最早的金融市场，并最终带来了城市的繁荣。而德涅尔银币的发展，同样带动了信用制度的发展，只不过它并没有促进金融市场的发展，它带来的是借贷制度的发展。我们知道，借钱这个事最重要的有两条：一是信用，二是稳定。如果今天刚借到的钱转手就不能用了，还会有多少人借钱呢？而价值稳定的德涅尔银币可以让欧洲人放心地进行借贷。

信用借贷作为商业活动的一个重要组成部分，不但从经济角度促进了商业的发展，更从思想层面上改变了人们对钱财的看法。

中世纪早期，欧洲地区就已经出现了信用活动。当时，基督教会是最早从事信用活动的机构，它以收受抵押物的形式进行借贷。具体的方式大概就是：教会借出资金，借款人以土地作为抵押，用来保证能够归还这笔借来的钱。如果用抵押品上的收入来还本金，这叫作活押；如果抵押品上的收入归债权人所有，但并不减少本金，这叫死押。

如果上述行为的最终目的是通过借贷获取利润，就意味着一个成熟的商业信用行为的形成。但是，基督教会却反对借贷取利，因此，这还算不上真正意义上的商业信用。

也许你会说，犹太人和基督教会不一样。是的，除了基督教会，精明的犹太人也会从事信用活动。犹太人多属于非基督教徒，因此，他们可以不遵循基督教的戒律，可以发放贷款赚取利润。但这也导致了高利贷行为。严格说来，这种高利贷也不能算作一种合理的商业信用行为。

德涅尔银币的稳定直接带动了较为合理的商业信用行为的出现，这使得城市商人和集市商人在欧洲大陆上开始崛起。商人与货币的结合，正是一种合理借贷制度出现的最大因素。既然是商人，在商言商，他们借贷的目的就是从中获取利息，并且他们借贷的钱财主要用途也是商业流通及扩大生产，只有很少一部分花在消费领域。

借贷的黄金时代是13世纪后半期，那时中世纪的西欧社会经历了两个世纪的经济进步，进入了第一个真正的信用高潮。这场运动的主角是犹太人、圣殿骑士团、阿拉斯和卡奥尔的商人，以及北意大利的伦巴第人。

阿拉斯的商人借钱给佛兰德斯的国王、贵族和新贵族以及北部的法国人；卡奥尔人活跃在各个宫廷以及英国和法国南部；圣殿骑士团主要对国王放贷；而伦巴第人更进一步，他们把放贷做成了一个系统工程——他们沿着普罗旺斯、勃艮第、佛兰德斯和巴黎地区的商业轴心带建立了一个放贷网络。

这些商人凭借着手中掌握的德涅尔银币，经常穿行于王公贵族之间进行信贷活动，他们摆脱了过去受人歧视的固有形象。同样，因为商业对象基本都是王公贵族，所以商人们很少像《威尼斯商人》中的夏洛克那样贪婪成性。他们的一步步努力促进了信用制度的发展，打破了过往大众对借贷和利息的刻板偏见。

先前对高利贷的谴责是建立在消费性借贷基础上的，与发展商业基本无关。后来的借贷则是立足于商业发展的基础之上，其具体表现就是：钱不再只用于消费，还成了获取利润的一种工具。同时，信用借贷的发展促进了商品交易的发展，让人们可以"花明天的钱，过今天的日子"。信用借贷让消费变得便捷，交易量更大，同时也拉近了各地之间的距离，增加了更大规模的交易产生的可能性。

另外，广泛的借贷关系，尤其是对国王、教会、大封建主的借贷，使得有钱有闲的上流社会重新认识了信贷的作用，并逐步依赖信贷进行消费，从而有利于自上而下地为商人搭建一个好的环境。这道理也很容易明白，唇亡则齿寒，没了商人、贵族、国王、教会等来借钱，短时间内就不容易找到一个新的借钱对象。总之，好的环境促进了意识的改变，最后带动了商业的发展。而这一切的背后，都离不开统一钱币的支持，这就是德涅尔银币。

德涅尔银币带动了借贷制度的发展，也使信用关系得到了发展。而信用关系的发展必然会促进商业的繁荣。更重要的是，这次借贷制度的发展,改变了过去以需求为主的交换体系,真正形成了以利润为目的的商业交易模式。货币在商业交易中占的比重越大,就越表明商业交易在向着更加精确化以及可计算化的方向发展。

欧洲的中世纪的确曾经黑暗过,但在这一时期,日耳曼人、古罗马、基督教三者的融合,为基督教文明的兴盛打下了坚实的根基。同时,民族国家的出现、市民社会的萌芽,以及对东方文明的积极接纳,奠定了欧洲在近代世界崛起的基础。

倭马亚王朝金币：伊斯兰世界的货币始祖

古代的亚欧大陆存在着四大货币体系：以中国为代表的东方货币体系、以希腊和罗马为代表的西方货币体系、以印度为代表的南亚次大陆货币体系、伊斯兰货币体系。目前，世界上公认最早的伊斯兰货币，便是诞生在阿拉伯帝国倭马亚王朝时期的倭马亚王朝金币。

倭马亚王朝金币发行于公元695年，由当时倭马亚王朝的哈里发阿卜杜勒·麦利克在首都大马士革主持打造。

公元691年至692年，阿卜杜勒·麦利克斥巨资在圣殿山修建了宏伟的圆顶清真寺，就是如今耶路撒冷城市中一眼望去最为显眼的那个金顶建筑。此后不久，阿卜杜勒·麦利克的军队就征服了伊拉克，收复了麦加，继而对东罗马帝国开战，使庞大的帝国西跨北非，东到现在巴基斯坦境内。

接下来，阿卜杜勒·麦利克着手进行币制改革，铸造金币。上至达官贵族，下至普通百姓，都离不开金币。阿卜杜勒·麦利克通过一系列举措，大刀阔斧地统一了货币，改变了帝国货币混乱的现状。

倭马亚王朝金币是伊斯兰货币体系的始祖，它与西方钱币最明显的区别便是钱币上的图像和文字。西方钱币体系下的钱币，大多正面是国王头像，代表着王权，背面是神像，代表着信仰。倭马亚王朝金币则两面都铸有库法体的阿拉伯铭文，铭文分布在中央位置或者边缘，中央部分的文字是从右向左顺读，边缘的文字则是按逆时针的顺序读。文字内容大多是《古兰经》经文或者赞美伊斯兰教功德的祝词，比如正面铸有"别无他神，唯有真主，真主举世无双"，边缘铸有"穆罕默德是安拉派来指引正教的使者"等文字。金币边缘会铸上伊斯兰纪元的年份。这种纯铭文设计是伊斯兰货币的典型标志。

倭马亚王朝金币还有另外一个名字，叫作"第纳尔金币"。"第纳尔"是一个源自古罗马帝国的货币名称，而伊斯兰货币的始祖也叫"第纳尔"，这也更加证明了伊斯兰货币体系与西方货币体系的渊源。既然二者一脉相传，前者是怎样从西方货币体系中分离，成为一个独立的货币体系的呢？

这要从一场关于宗教信仰的"钱币战争"开始讲起。货币在当时是用来宣传宗教信仰的一种工具，比如拜占庭金币上的基督教符号、萨珊王朝银币上的拜火教圣坛等，带有这些符号的钱币的流通让更多的人了解了宗教、信仰宗教。

而倭马亚王朝所信仰的伊斯兰教起初并没有这方面的意识，在倭马亚王朝扩张时期，伊斯兰教也一直秉持着包容的态度，对其他教派的传教没有设立任何限制措施。《乌马尔公约》中，明确规定了基督徒在王朝的统治下可以享有的权利，并规定了基督教与伊斯兰教共存的基本原则。这一点在货币的使用上也可以看出来，在倭马亚王朝的前期，国内人民使用的正是带着耶稣基督图案的拜占庭钱币，其中固然有倭马亚王朝的疆域曾是拜占庭帝国领土的原因，更重要的还是源于早期伊斯兰教的包容。

然而，伴随着伊斯兰教内部的争斗，以及部分地区的基督教徒对穆斯林的排挤，伊斯兰教对其他教派宽容的态度发生了改变。倭马亚王朝开始出台措施，让统治下的人民改变信仰，皈依伊斯兰教。这一改变也在钱币上体现了出来，倭马亚王朝开始铸造专属于伊斯兰的货币，用以代替拜占庭货币的流通使用。这种钱币，便是倭马亚王朝金币。

因为伊斯兰教反对个人崇拜，所以倭马亚王朝金币中取消了西方钱币体系上的国王头像，正反两面全部换成了《古兰经》经文。代表着耶稣基督的拜占庭货币被伊斯兰钱币所取代，拜占庭帝国的基督教徒则予以回击。他们在君士坦丁堡铸行新币，新币将以往放在正面的皇帝头像换到了背面，正面则换成耶稣基督的标志，以对抗倭马亚王朝金币。这两大宗教之间的对抗，使得伊斯兰钱币独立了出来，形成了一种全新的货币体系。

伊斯兰教诞生于公元7世纪前后，那个时候，在欧亚大陆的交界处，拜占庭帝国和萨珊王朝正进行着一场长期战争，阿拉伯地区也被殃及，生活在这里的各个部族都饱受战争之苦。同一时期，地中海地区暴发了一场大型的鼠疫。这是历史上第一次鼠疫大流行，丝绸之路这条国际商贸路线瞬间变成了一条病毒传播之路，鼠疫一路向东传播，甚至到了中国。位于丝绸之路必经之地的阿拉伯地区当然不能避开。战争和鼠疫造成的直接后果便是城镇十室九空，百姓民不聊生。

穆罕默德就是在这种充斥着灾祸与混乱的社会环境中进行传教活动的。当时的阿拉伯半岛，宗教信仰不统一，民族也缺乏凝聚力，各部落之间常因争夺水草、牲畜而发生战争。这直接导致了阿拉伯半岛的人民在拜占庭帝国与萨珊王朝的战争中没有丝毫的话语权，完全处于被蹂躏、被侵略的地位，他们迫切需要一种统一的观念来凝聚整个阿拉伯民族。

穆罕默德所宣传的伊斯兰教不仅为这些受尽苦难的人提供了精神启迪的力量，更是让散沙般的阿拉伯人民团结了起来。阿拉伯半岛的人民看到了自己的宗教，形成了一种全新的群体认同。随着信仰人口的增加，阿拉伯民族开始对外扩张，他们建立了一个新的帝国——阿拉伯帝国。当时的波斯帝国恰好处在崩溃的边缘，公元636年，阿拉伯人在卡迪西亚大胜波斯军团，一举摧毁了波斯帝国的信心，使其在之后的战争里屡战屡败，最终走向了灭亡。

阿拉伯帝国极盛之时，疆域东起印度河，西抵大西洋，北达高加索，南至阿拉伯海和撒哈拉沙漠，是世界古代历史上东西方跨度最长的帝国之一。它的腹地阿拉伯半岛，东临波斯湾和阿曼湾，西靠红海，南连阿拉伯海和亚丁湾，北接美索不达米亚平原，是世界上最大的半岛。优异的地理位置使得阿拉伯帝国迅速成为当时的国际贸易中心。中国的丝绸、印度的香料、非洲的黄金，都是通过阿拉伯半岛的倭马亚王朝金币来进行转运贸易的。

随着贸易路线的延伸，倭马亚王朝金币跟随商人们的步伐，扩散到了全世界。

2013年，河北涿州发现了一座唐代古墓，在出土的众多陪葬品中，有一枚与众不同的金币。这枚金币来自遥远的倭马亚王朝，它就是倭马亚王朝金币。

其实，这并非我国首次发现倭马亚王朝金币，早在1964年，陕西西安附近的西窑头村唐墓中就曾出土过3枚非常相似的金币，与此次涿州出土的金币制式相同。这些金币的共同点很多，它们都是圆形的，直径为1.89厘米至1.91厘米，厚0.1厘米，重量4.2克至4.3克，没有孔，两面有文字，没有人物或神像图案。

钱币正面中央有三行铭文，边缘有一圈铭文，背面也如此。比如涿州出土的金币，正面中心的文字是"别无他神，唯有真主，真主举世无双"，边缘的文字是"别无他神，唯有真主，穆罕默德是真主的使者；遂真主所愿，至真至正的宗教"；金币背面中间的文字是"真主，一个真主，持之以恒，不生不灭"，背面边缘的文字是"以大慈大悲真主的名义，称他是唯一之神"。这些金币的文字内容基本一致。

此外，阿拉伯帝国十分支持贸易活动，毕竟这能够为帝国的统治阶层带来丰厚的利益。为了促进贸易的繁荣，伊斯兰教甚至将宗教活动与商业集市结合起来。伊斯兰教规定，每一个身体健康、有经济能力的穆斯林，一生中至少要到麦加朝圣一次。每一次朝圣都相当于一次商业大集会，穆斯林们可以自由地买卖，而麦加城的统治者们便可以从集会中获得巨额利润。

阿拉伯帝国贸易的发展,使得东西方的经济文化交流更加密切。中国的四大发明正是通过阿拉伯商人传入欧洲,推动了欧洲社会的发展。同时,在这种贯通东西的地理优势的推动之下,倭马亚王朝金币的流通范围更加广阔,伊斯兰教的文化也循着这些路线传向了世界各地,发展为世界三大宗教之一。

国际贸易的发展,使得阿拉伯帝国在短短一百多年内,发展成为一个横跨欧、亚、非三大洲的强大帝国。鼎盛之时,阿拉伯帝国政治清明、民主和谐,是一个井然有序的世界,是一片商人能够致富、智者受到尊重、异见者可以表达的净土。其中,倭马亚王朝金币功不可没,它带动了阿拉伯的商业贸易,自它之后,伊斯兰货币体系正式建立。

朝鲜乾元重宝：大唐币制的虔诚信徒

随着开元通宝的出现，以中国为核心的东方货币体系得以形成。我们讲过的日本的和同开珎，就是东方货币体系中的重要一员。当然，独木不成林，整个东方货币体系，还有着形形色色的众多成员。支撑东方货币体系的还有朝鲜的乾元重宝。

朝鲜乾元重宝是仿照中国唐代的乾元重宝铸造的，与中国唐代的乾元重宝最显著的不同之处在于，朝鲜乾元重宝的背面铸有"东国"二字。

朝鲜的乾元重宝直径2.5厘米，重4.8克。钱币正面的"乾元重宝"四个字为隶书，其中"乾"字按古体，写作"𠃵"。背面的"东国"二字，也是隶书，高丽王朝的位置在中国的东方，故曰"东国"。因此，这枚钱币也被叫作"乾元重宝背东国"。

那么，这个位于中国东方的国家，它的货币是怎样诞生的？

目前，有实物可考的位于朝鲜半岛的货币，应该从高丽王朝开始算起。高丽王朝时代的自造货币主要分为两大类：铜钱和银瓶。银瓶是一种形如葫芦瓶的银质货币，流通范围主要局限于上层贵族之间，而更贴近普罗大众的仍是铜钱。

公元936年，势力较强的高丽通过武力统一朝鲜半岛。统一之后，为发展对外贸易以及民间商品经济，高丽王朝在当时以白银做大额交易的基础上，开始推行规范性的货币，用来推进流通手段的改善。

当时，高丽王朝上至王室官员，下到平民百姓，大都深受中国传统汉文化以及唐王朝币制的影响。高丽王朝成宗王治十五年（公元996年）夏天，高丽第一次铸铁钱。

根据日本收藏家奥平昌洪的考证，该钱即是在朝鲜开城的古坟中出土的"乾元重宝背东国"钱，是仿照唐朝的"乾元重宝"钱所铸造。但不同于乾元重宝的主体材料为铜，它的材质为铁，钱文直读（即四个字的阅读顺序是上、下、右、左），背后有"东国"二字。

因此它应该就是《高丽史》中记载的"铁钱"，是高丽第一次自主铸造的货币。不过，这次铸钱的影响并不大，至少流通范围不太广。据史料记载，一个世纪之后，高丽肃宗在谈到钱法的时候，依旧在说"东方独未之行"，这就是一个有力的证据。

继承王治位子的是穆宗王诵。他在即位第二年（公元998年），就按照以前制造"乾元重宝"的基本模式铸钱，但采用了和唐代乾元重宝一样的材质——铜，并对样式、钱文等工艺进行改进，重新试铸，获得成功。穆宗这批制品造型规范，红润光亮，郭深字峻，便于携带，但因为铸量不多，大部分成品都被宫内的王公贵族、皇亲国戚等上层权贵把持。他们将其作为奢侈品，用于节庆喜钱或者赏赐，因此钱币流通范围不大。后人为方便起见，也把它称为"高丽乾元"。

随着时间的推移和世事的变迁，一部分高丽乾元扩散到民间。高丽肃宗二年（公元1097年），设置铸钱官，肃宗七年（公元1102年）十二月，君主下制书在全国推行钱币制度，其中引用到"西、北两朝推行钱法，利国利民"的例子。这里的西、北两朝就是中国的宋与辽。同时，他还将一万五千贯钱分别赐给百官和军人，钱文为"海东通宝"。该钱目前实物存量较大。由于钱文的直读、旋读，以及字体上楷书、行书、篆书、隶书的不同，导致现存的"海东通宝"有很多版别。刘文林等人编著的《朝鲜半岛钱谱》中共收录了30余种不同的"海东通宝"钱。

据《宋史》记载，当时高丽并不是只有"海东通宝"钱，至少还有"海东重宝"和"三韩通宝"。华光普编著的《越南、朝鲜、日本古钱目录》中提到，高丽还有一种"海东元宝"。但是这么多种铜钱都没有将高丽王朝的经济成功带入货币化。

北宋宣和六年（公元1124年），出使高丽的徐兢在《宣和奉使高丽图经》中描述，他所见到的高丽是这样的："男女老幼，官吏工伎，各以其所有，用以交易，无泉货之法。"可见已经推行了十多年的钱法还没有得到普及。到了恭愍王五年（公元1356年），高丽众臣对于自己的国家究竟造过什么钱，甚至要根据其"载之于中国传籍"来进行考证，但是这些考证也不严谨，有的还出现了一些明显的错误。比如《高丽史》节选的奏疏中，记载了一种无据可考的"东海通宝",这很可能就是"海东通宝"的误写。

如今,在辽宁地区出土的大量的乾元重宝背东国钱币,可以用来证明中国和朝鲜在历史上的亲密关系。

早在西汉孝惠帝时期,我国就已经有了朝鲜国及其附近真番等古国、古族,或封朝鲜国王卫满为"朝鲜王"的记载。汉武帝时期,征服朝鲜设立四郡。东汉光武帝时期,册封高句丽国王为"高句丽王",册封朝鲜半岛中部和北部的"不耐、华丽、沃沮、诸县皆为侯国",其渠帅封号当为"沃沮侯""华丽侯"等,"皆岁时朝贺"。

这时,东汉王朝在整个东亚、东南亚的影响逐渐扩大,朝鲜半岛南端的三韩地区和日本列岛小国都在影响范围之内,光武帝建武二十年(公元44年),韩人、廉斯人、苏马谡来到乐浪郡进贡。光武帝封苏马谡为"汉廉斯邑君","使属乐浪郡,四时朝谒"。

经过三国争霸的乱世春秋,魏晋南北朝时期,东亚地区政治形势复杂多变,除高句丽、扶余国的名称没有明显变化外,其他地区的国家民族都因为自身内在的变化,有了新的发展。其中,朝鲜半岛南部的三韩发展成为新罗、百济二国;日本列岛的国家由众多分散的小国,逐渐发展为一个统一的国家。

隋唐以来,随着自身实力的不断发展,中国文明在东亚地区天字一号的位置基本得到稳定,隋唐王朝设立在首都的中央鸿胪寺掌管一切对外事务。明朝也是东亚地区无可争议的王者,由礼部负责一切外交事务。明政府对海外诸国来华朝贡的相关事项都做出了明确规定，无论是贡道、贡期、人数、贡物还是回赐和册封都有详细规定，朝贡国必须遵守这些规定。

第四章

风云变幻的宋朝货币经济

中国篇

宋元通宝：宋代开朝复苏的经济

历史学大师陈寅恪先生说过，华夏文明，历数千载之演进，造极于赵宋之世。可是，在有些人眼中，宋似乎一直是一个"窝囊"的王朝，别说跟上古三代比遥不可及，哪怕是跟临近的汉唐盛世相比似乎也总是棋差一着。宋王朝究竟是什么模样呢？我们可以通过一枚钱币来管中窥豹，了解真实的宋王朝。这枚钱币就是诞生于大宋王朝的宋元通宝。

宋元通宝是宋代的第一种铸钱，因此也有人称它为宋代开国钱。它铸造于宋太祖建隆元年（公元960年）。钱币样式外圆内方，背郭清晰，铸工颇精，穿郭匀称规整，铜色略深。值得一提的是，钱文"宋元通宝"四个字字体清晰，书法精湛，气韵贯通，背穿上有一个圆点，布局协调合理，极为美观。它有铜、铁两种，背有星纹、月纹等，铁钱和铜钱的兑换比例为10∶1。

事实上，宋元通宝基本上就是开元通宝的模仿者。它不仅在外观造型方面模仿开元通宝，甚至连名字和含义也是模仿的开元通宝。"开元通宝"中的"开元"二字指开辟新纪元，"宋元通宝"

中的"宋元"二字则是"宋代开元"的意思;"通宝"二字更是一字未改。当然,这也是宋代承袭开元通宝开创的通宝制度的具体表现。在宋代以后的钱币中,我们还会多次看到"通宝"这两个字,直到袁世凯出场,才正式宣告通宝制度的终结。虽然宋元通宝承袭了开元通宝,但它们之间不是父死子继的顺承关系,而更像是爷爷和孙子的遗传关系。在它们中间,还有一个经常被忽略的存在——五代十国时期的钱币,也沿袭了"通宝"的称呼。

唐乾符二年(公元875年)以后,王仙芝、黄巢等领导的农民起义给早已外强中干的唐王朝敲响了丧钟,紧随其后的五代十国是继三国乱世、南北朝并立之后又一个刀兵四起的分裂时代。历史已经一次次地向我们证明:政权分裂必然造成币制混乱。战争不断、群雄并起的五代十国时期,商品经济每况愈下,与之对应的货币制度同样是混乱不堪。具体表现有:各分裂政权自行铸币,毫无统一性和连贯性;民间私铸盛行,恶钱充斥;货币流通混杂,且有地理分割性;南方十国区域性竞争,致使钱币大幅度贬值。乱世出真主,后周铸造的钱币成了这段混乱时期的天命之子。后周显德二年(公元955年),周世宗柴荣铸造了"周元通宝",这是当时铸行最多、质量最好的铜钱。为了铸造周元通宝,柴荣甚至搬出了佛祖舍身饲虎的典故,用来说服当时的佛教徒和大臣,销毁佛像用以铸钱。可惜天不假年,四年之后,39岁的柴荣走到了生命的尽头,7岁的周恭帝柴宗训即位。显德七年(公元960年),赵匡胤发动陈桥兵变,他的部下给他披上黄袍,拥立他为天子,这就是成语"黄袍加身"的由来。由此,赵匡胤代后周而称帝，建元"建隆"，定国号为"宋"。

赵匡胤出生在河南洛阳的一个军人世家，好打抱不平，在入伍之前，他最喜欢做的事儿就是替人排忧解难。其中广为人知的就是民间传颂的"千里送京娘"的故事。既然要做"事了拂衣去，深藏功与名"的侠客，武艺高强就是一个必备的要素，否则就只能沦为别人行侠仗义的背景板。赵匡胤正好武艺非凡，《水浒传》中第一回就提到："一条杆棒等身齐，打四百座军州都姓赵！"这里的"一条杆棒"说的就是赵匡胤的盘龙棍，盘龙棍后来演化成为现代的双节棍和三节棍。除了棍棒功夫了得之外，赵匡胤的拳脚功夫也不含糊。他还创出了自己的太祖长拳。金庸的小说《天龙八部》中的乔峰正是靠着太祖长拳在聚贤庄力战群雄，威震天下的。凭借高超的武艺，赵匡胤屡建奇功，短短十年，就成了大权在握的殿前都点检。那赵匡胤是不是只具备勇冠三军的武艺，而没有别的才能呢？当然不是，如果他真的只有武艺，最多只能像英布、彭越一样裂土封王。下面我们就来看一看赵匡胤的另一面，从而对他有一个更加丰富而立体的认知。

赵匡胤建立宋朝不久，就推行了宋元通宝，可见他对经济的重视程度。而这一点就已经让他超越了绝大多数的古代帝王。汉高祖和唐太宗都讨论过创业与守成孰难的问题，历史证明，只有同时兼备创业和守成能力，才算得上一个好皇帝。

赵匡胤刚登基不久，就有三佛齐国（即室利佛逝）来朝贡。三佛齐国是东南亚的一个岛国，位于现在的苏门答腊岛一带，唐代时曾通过海路遣使向中原朝贡。三佛齐国的使者所呈献的贡物里，有一个通天犀。这是一种珍贵的犀牛角，上面有类似龙形的图案，"龙形腾上而尾少白"，它的左面有一个"宋"字。而当时三佛齐国并不知道新王朝的国号为"宋"，赵匡胤认为这是天意，非常高兴，就用这个犀牛角做成了一条玉带，就是现在的腰带。每次郊庙之祭，他一定要系上这条腰带。此后，宋朝与海外各国和地区的交流日渐加深了。

开宝四年（公元971年），宋军攻灭南汉后，赵匡胤在广州设市舶司，这是宋朝设置的第一个市舶司。市舶司相当于现在的海关，主要负责收税，检查船舶往来、贸易交流等。市舶司是当时宋王朝拓展海上丝绸之路和海洋贸易的重要窗口。

当时在市舶司贸易的商品，中国方面基本是丝绸和瓷器占主导，外国则主要有象牙、犀牛角、香料等，其中香料以乳香最为出色。乳香就是乳香树分泌的树脂，寺庙和老百姓对它的需求量很大，它的主要生产地区是大食（阿拉伯帝国）、印度、波斯等。这些地区的人用刀、斧等尖锐利器砍树皮，使树脂自然流出，凝结成块，之后用大象把收集到的乳香运送到港口，再由阿拉伯商人装船运送到三佛齐国进行贸易，最后由三佛齐国等东南亚商人运送至宋王朝的沿海口岸。这条线路可以说是当时最具代表性的海上丝绸之路的路线。

在宋代，与中国通商的国家和地区有50多个，现代考古发现，在南亚、东南亚、欧洲和非洲都有宋代瓷器出土。因此，有些人把当时的海上贸易线路称为"海上陶瓷之路"。但要打造一个海洋大国，仅仅建设"海关"是远远不够的，赵匡胤还非常重视科学技术的发展。

据史书记载，赵匡胤非常关心造船事务，曾经亲自到造船的地方观看，查看炮车，观看水战等。也许正是皇帝对科学技术的高度重视，促进了我国航海技术的进步。北宋时期，我国已能利用指南针航行。指南针应用于航海不久，就在丝绸之路上传播开来，造福于往来的商旅，尤其是对经常往返于海上的水手们帮助极大。正是在航海上的广泛应用，使指南针得到一次次改进，并促进了西方新航路的开辟，进而成为西方地理大发现的重要条件之一。

一枚钱币往往承载着一段历史，宋元通宝作为宋朝的开国钱，跟随大宋经历了扫平南方、一统中原的辉煌时刻。同时，宋朝与当时东方世界的频繁交流使得大量宋元通宝流向外邦，在促进东方诸国经济进步与发展的同时，也进一步加强了以中国为核心的东方货币体系的稳固。

大观通宝：除治国外都擅长的宋徽宗

华夏文明历史久远，但屈指算来，只有一个朝代的存在超过了300年，这就是宋朝。北宋初叶，宋太祖于建隆元年（公元960年）铸造的宋元通宝是赵宋的第一种钱。之后的300多年里，两宋王朝铸造了中国历史上数量最多的古钱币，多姿多彩，纷繁复杂。

随着王安石在宋神宗的支持下将新法日益覆盖到国家的每一个角落，北宋迎来了极其繁荣的时期。到了宋徽宗赵佶即位的时候，整个社会的发展达到顶峰。宋代画家张择端的《清明上河图》便是对北宋汴京城及近郊的繁荣景象的极力展现。这样一个强盛的国家在宋徽宗的治理下，会发生怎样的转变呢？让我们透过这一时期流通的货币——大观通宝，一窥北宋王朝在宋徽宗治理下由盛及衰的历史。

大观通宝发行于宋徽宗大观元年（公元1107年），它直径4.1厘米，重15.3克，水红铜质，圆形方孔，铸造工艺极其精湛，甚至到了增一分则肥、减一分则瘦的精妙之地。最著名的是，它的钱文"大观通宝"四字是由宋徽宗亲自书写的。

人们常说，书法在运用上有三难：篆刻难，书匾难，制钱文难。在这三难里，制钱文是最难的，宋徽宗赵佶却因难见巧，在钱币的方寸之间把他自创的瘦金体发挥得淋漓尽致。"风流天子出崇观，铁画银勾字字端。闻道蜀中铜货少，任凭顽铁买江山！"这诗中所说的便是宋徽宗传神的瘦金体。

通常情况下，一种新货币的发行，是为了维持货币体系，促进经济发展，但宋徽宗发行的大观通宝，却没有如此官方的目的。

据《宋史》记载，崇宁五年（公元1106年）正月，天空出现一颗彗星，迷信的宋徽宗认为这是灾变的前兆。为了避祸免灾，出现彗星的第二天一大早，宋徽宗便急忙召集学士、术士商议对策，最终决定改崇宁六年为大观元年，引《易经》中"大观在上"之语。大观通宝能否像汉五铢一样，真的为它的发行者带来期待的结果呢？

我们先从宋徽宗本人说起。在宋朝，得到老妈的喜爱的皇子，似乎更容易登上皇位：前有宋太宗赵光义，后有宋徽宗赵佶，他们俩都是继承兄长的皇位而成为皇帝的。但与赵光义不同的是，在当皇帝这件事儿上，宋徽宗赵佶并不主动。元符三年（公元1100年），年仅24岁的宋哲宗赵煦驾崩，因为膝下无子，皇位只能由他的兄弟来继承，平日里颇得太后喜爱又善于舞文弄墨的赵佶登上了帝位，成了宋朝的第八位皇帝。

初登皇位的宋徽宗，制定了一系列利国利民的政策。他减免税租，减轻徭役，还扩大了老年人救济收养机构的规模，待大臣也十分友善厚道。本以为照这样的态势继续发展下去，就国泰民安了，却不承想，这个爱好书画艺术的皇帝，其实并不擅长治国理政。

为了满足自己的私欲，宋徽宗不断地增加赋税，只为大兴土木，营造宫殿园林；他在杭州设立了造作局，专门为他打造顶级的工艺品，又在苏州设立应奉局，兴花石纲之役，专门搜刮江浙一带的珍宝和奇花异石。他渐渐变成了一个除了不会治理国家其他什么都擅长的皇帝。

偏偏这个时候，他又遇上了被后人称为"北宋六贼"之首的蔡京。正如司马光在《资治通鉴》中对君子与小人的定义"德胜才谓之君子，才胜德谓之小人"，以王安石变法得力干将起家的蔡京，有着与王安石截然相反的处事目的，在他眼里无所谓对错、正义与否。自身利益的最大化，永远是他谋事求人的出发点。

借着近臣童贯南下为宋徽宗寻宝的机会，蔡京显现出了自己在书画方面的才能，被宋徽宗征召入京任职，作为皇帝品评书画的知音受到喜爱，很快便权倾朝野。沉溺在繁荣昌盛美好图画中的宋徽宗，并没有意识到危机四伏，一场更大规模的贪婪扩张开始了。原本为了避免灾祸、希望带来好运而发行的大观通宝，在这个时候，成了奸人们搜刮民脂、获取暴利的工具。

上有好者，下必甚焉。一方面，宋徽宗的各种爱好正在加速消耗宋朝的财富；另一方面，以蔡京、童贯、梁师成等人为代表的"蔡京集团"贪得无厌,百姓赋役繁重,民不聊生,遂现"人不堪命,遂皆去而为盗"之景。最后民众被逼无奈,揭竿而起,先后爆发了宋江起义、方腊起义,对北宋政权造成了沉重的打击。

内有忧患,外部也不安宁。缔结澶渊之盟后,大宋向辽缴纳岁币。但随着北方女真族的崛起,原本和平的局面被打破,战争随时可能爆发,军费开支急剧增加。焦头烂额的朝廷,加重了各种税收和徭役。

原本北宋沿袭了唐末的三司制度,设盐铁、度支、户部,掌管货币的铸行、流通和收支大权,是最高的理财机构,宰相一般无权干预财政机构,形成了宰相主政、枢密主兵、三司主财的分工局面。但在北宋元丰年间,这个局面发生了变化。根据《宋史·职官志》记载,元丰五年(公元1082年)废三司,职事归户部等,户部只作为六部之一。这种改变的结果就是,太府寺、少府监等都要参与各州铸钱及货币收支事宜,作为主管的户部衙门徒有虚名,这更加便利了蔡京集团大举敛财。

在这种情况下,宋徽宗继续任由货币贬值,小平、折二、折三、当五齐上阵。但即使如此,钱还是远远不够花。于是蔡京命京畿两监专铸"大观通宝"大钱,以一当小平钱十,令诸行省铸"大观通宝"小平钱。小平钱原本是北宋的标准铜币,当十钱比小平钱大一号,但远远不是小平钱含铜量的10倍,却被以法律规定与10枚小平钱等值。这种明目张胆的疯狂贬值,自然引得市场惊恐,商家纷纷闭户。

当十钱破产了，蔡京奏请铸造铜锡合金货币——夹锡钱。据《宋史·食货志》记载，"其法以夹锡钱一折铜钱二"。照这样折算，人们手中的财富有一半就被抢走了。加之夹锡钱铜的成色低，百姓纷纷拒绝使用。蔡京恼羞成怒，下令对拒绝使用夹锡钱的人"听人告论，以法惩治"。这样强行推出夹锡钱的结果就是人心浮动、财政亏空、货币购买力下降，失尽了民心。最后，宋徽宗不得不承认"夹锡钱之害，甚于当十"。

在一个国家盛衰、兴亡的关键点上，货币正是最灵敏的观测指标，大观通宝的铜钱与铁钱急剧贬值，也从侧面映照了北宋王朝的最终结局。

面对北方的军事局面，宋徽宗继续相信蔡京之流，在外交、军事上接连进退失据，宋与金联手攻击处于穷途末路的辽国，他们约定功成后把原缴纳给辽的岁币"转名过户"给金，而宋则可以收回失陷多年的燕云十六州。但北宋尚未来得及加入，女真人就已灭了大辽，马上兵临北宋。几次被攻打之后，宋徽宗终于看清自己的结局，为了不背负骂名，他再一次选择了逃避，迅速将皇位传于自己的儿子，也就是在位不足两年的宋钦宗。后来的事儿，相信大家都有所耳闻，北宋兵败，徽、钦二帝及后宫嫔妃被俘，北宋宣告灭亡。

从宋太祖赵匡胤陈桥兵变建立宋朝，到徽、钦二帝被俘于金，北宋王朝存在了短短167年，便走向了灭亡。最终导致北宋灭亡的"靖康之耻"深深刺痛着每一个宋人的内心。南宋大将岳飞在《满江红》中写道："靖康耻，犹未雪。臣子恨，何时灭！"

大观通宝从大观元年（公元1107年）发行，到大观四年（公元1110年）罢铸，通行了仅仅三年的时间；虽然它并没有为徽宗带来他所期待的好运，但依然影响深远。一方面，它是中国货币史上第一次使用"户"部字样的中央级主管机构标志的钱币，为数百年后的明清货币使用"户"的制作开了先河。另一方面，宋朝作为中国历史上铜钱铸造量最大的朝代，也是从这里开始结束了铜钱为主币的时代，为后人掀开了崭新的篇章。此后，以纸币为主的时代向我们缓缓走来。

交子：中国最早的纸币横空出世

在前面的章节中，我们提到过唐朝中期的飞钱，它和西汉的白鹿皮币一样，都有纸币的性质。作为异地兑换的票券，飞钱是一种提款购货的凭证，类似于今天的汇兑业务，它并不能行使货币的职能。中国历史上真正一改以往货币的金属呈现方式，开始以纸和油墨的组合出现在大众视野中的纸币是交子。

交子是中国最早的纸币，也是公认的世界上最早的纸币，它诞生在约1000年前的四川地区。据《续资治通鉴长编》记载，"自李顺作乱，遂罢铸，民间钱益少，私以交子为市"。也就是说，在四川李顺起义的时候，民间就已经有交子在流通了。迄今为止，国内只有一块交子印版的拓片图，现藏于辽宁省博物馆。它的版材为铜质，版面为竖长形，长16厘米，宽9.1厘米。那么，交子的故事是如何开始，又是如何结束的呢？

这还要从宋太祖赵匡胤开始说起。乾德三年（公元965年），素有"天府之国"美誉的成都地区，归于北宋的版图。因为躲过了隋唐战乱，四川的经济相对独立，贸易繁荣。但是，它的铜矿资源相对贫乏，一直依赖铁来铸钱，而铁钱携带不便的缺点正在日渐凸显。

当时的四川地区，铁钱和铜钱的价格比为10∶1，就是说10枚铁钱才抵得上1枚铜钱，1000枚铁钱的重量大约为65斤。如果有人要到街上买一匹布，他需要携带大约2000枚铁钱，重量约130斤！价低体重的铁钱给贸易造成了极大的不便，阻碍了商品经济的发展。为了解决这个问题，四川人搞出了一个世界级别的金融创新，交子横空出世。

针对铁钱携带不便的问题，有16家成都的富商聚在一起讨论。有一个富商提议："我们为什么非要背着这么重的铁钱跑来跑去呢？不如大家都把铁钱放在仓库里，用'收据'进行交易，这个问题不就解决了吗？"此话一说，众人纷纷拍手称赞。于是，他们约定，这种"收据"使用同等规格和材质的纸张进行印制，正反面都印有房屋、树木、人物等图案，每家都在收据上盖上印章。为了防伪，又增加了只有彼此才能识别的印记、密押，形成朱墨间错、样式统一的纸券，这就是最初的交子。交子上面的数额是空缺的，可以临时再填。

这16家富商就是最初的"交子户"。在之后的生意往来中，商人们只要把沉重的铁钱存放在这16家交子户在各地的分店，店伙计验明数量，在交子上填写上数额之后，商人们就可以拿到一张交子。只要在16家交子户分店覆盖的地区，交子都可以代替铁钱进行交易。持有交子的人也随时可以到交子户兑换实物铁钱。交子户在兑现时会收取大约3%的手续费。

交子市场的规范化，将商业贸易中原本的铁钱运输成本降低到接近为零；信誉卓著的16大富商联保机制，又使交子的信用风险低到几乎可以忽略不计。交易成本的大幅下降，极大地促进了蜀地经济的发展。

可好景不长，人性的贪婪再次战胜一切。这16户富商开始悄悄地私自挪用交子铺的资金，因为只要动动笔，面前的成堆铁钱就可以换成豪宅、珠宝，甚至几百亩良田！渐渐地，人们发现交子铺无法兑现现钱，纷纷到官府闹起了"诈伪""争讼"，引发了交子的信用危机。官府不堪其扰，简单粗暴地下令关闭交子铺，停用交子。由此，私交子的时代结束了。

转运使张若谷和薛田认为交子的停用对于贸易的发展十分不利，他们向皇帝上书："废交子不复用，则贸易非便，但请官为置务，禁民私造。"与此同时，官府也意识到了纸币的"金融创新"原来可以带来巨大的回报，刚刚登基不久的宋仁宗爽快地采纳了这个建议。

于是，天圣元年（公元1023年），世界上第一个负责纸币发行的官方机构——益州交子务设立运行；可以说，它是世界上最早的中央银行。官办交子采用铜版彩印，宽11厘米，长19厘米，上面印有鸟兽、花纹、图案或故事等。官办交子仍主要流通在四川地区，全国其他地区还是以铜钱为主。

从天圣元年（公元1023年）到大观元年（公元1107年），宋朝政府发行了43批纸币。政府制定了专门的法令，限定交子的发行和流通的各种条件。最初，政府以两足年为一届，发行新交子的同时废止并收回旧交子。首届交子共发行了1256340贯,准备金为铁钱36万贯,准备金率为28.7%。

官办交子的管理水平和社会公信力都远超民间交子。官府为了进一步提高交子的方便性,将交子由5贯和10贯为主的币值,降低为500文和1贯的小面额钞票,这让交子更适用于市井百姓的日常交易,交子受到了民众的普遍欢迎。不仅如此,官府还允许百姓以交子来缴纳各种税赋,比如王安石变法期间的青苗钱、免役钱都可以用交子来支付。交子还可以用来向官府支付盐、茶、酒的专营费用,商人们的出关费、过桥费、商业税等流通环节的税费,也都可以用交子来缴纳。从普通民众到士商阶层,交子都大受欢迎。

从天圣元年(公元1023年)到庆历七年(公元1047年),官办交子的价值一直都维持在高度稳定的状态,偶尔还会出现人们争相持有纸币,而不愿携带铁钱的情况。北宋时期苏辙曾在《栾城集》中对此有所描述:"旧日蜀人利交子之轻便,一贯有卖一贯一百者。"就是说,有的人为了拿到1贯纸币,甚至愿意出1贯零100文铁钱来换!民众对于货币的信心永远比货币本身更重要,而维持民众对货币的信心,关键在于货币的发行者必须把信誉看得比生命还要重要。可惜,如16大富商私挪他用一样,官办交子的发行者也没有抵制住诱惑。

庆历七年(公元1047年),与西夏交战的北宋兵马粮草不足,于是朝廷向益州预支60万交子,然而,这批交子在换届发行时,并没有被全部回收。就这样,交子第一次超越了它应有的使用范围和付印数字。战争使得宋朝的经济节奏被打乱,交子步入超发状态,官方交子发行量与流通中的交子数量不断攀升。

紧接着,王安石变法推出了"两届并行",本该退出市场的旧交子和新交子并行于市场,这就相当于纸币比所需要的流通量超发了一倍。王安石变法失败后,宋神宗又错误地发动了对西夏的"五路进攻",结果以惨败告终。这时的交子,已经贬值超过了10%。战后的发展,一切都需要金钱来维持,而这时朝廷用以解决缺钱问题的办法又是印钱。越来越多的交子出现在市场上,交子开始进入货币贬值的加速通道。

元符三年(公元1100年),徽宗即位,蔡京掌权。在北宋经济已经濒临崩溃的情况下,蔡京为了私人的政绩再次发动西北战争。财政亏空的同时,还要支付巨额的军费支出,蔡京集团只能将交子向全国推广。但是,老百姓根本不接受。

于是,交子改头换面成了钱引,它与交子几乎是一样的,只是它以缗为单位,并且不置钞本,不许兑换。钱引只在四川和西北地区流通,全国其他地区坚决拒绝。到了崇宁四年(公元1105年),钱引换届,4张旧钱引才可以换1张新钱引,这相当于一次性贬值75%。同时,官府还取消了纸币发行准备金。民众对纸币的信心一点点消失殆尽,大观四年(公元1110年)以后,1贯纸币在人们眼里连100文铁钱都不值,纸币制度濒于破产。

靖康二年(公元1127年),北宋灭亡,纸币制度的演进随着宋高宗赵构南下。北宋的交子是世界历史上首次在整个国民经济中使用纸质货币的一次大胆尝试,是宋代活跃的商品经济与时代机遇相结合的产物。虽然它的命运无法避免地被赋予很多政治功能，但对后世的货币发展产生了巨大的影响。后来的蒙古人，在灭南宋近20年后也采用了宋人的纸币制度，纸币制度甚至传到了高丽和波斯。在西方，最早的纸币试验发生在公元1661年的瑞典，而英国、美国、法国等更是在17、18世纪才开始使用纸币。

交子和它的变身钱引，从它们产生到发展的演进过程中，我们了解了北宋经济、政治的兴衰。以交子为代表的纸币制度告一段落，它的后续发展正在酝酿当中。

银会子：中国最早的银本位制纸币

中国最早的纸币——交子出现后，纸币的发展延续了整个两宋时期。相信你一定还沉浸在交子诞生的自豪感当中，毕竟交子不仅是中国最早的纸币，也是世界上最早的纸币。而两宋纸币家族中还有不可忽视的另一员——银会子。

银会子是南宋时期发行的一种纸币，它的样子类似现在的人民币，只是银会子的外观造型是竖长方形，而人民币的外观造型是横长方形。银会子的票面上印有发行机关、面额以及对伪造者的惩罚条款等文字，这些要素都和我们现在使用的人民币非常相似。银会子还有一个更直观、更简便的称呼——银票。银会子主要用白银来收兑，白银是纸币的兑现基金。

在南宋，白银作为流通手段的发展比黄金更进一步。为什么白银在宋代比在唐代流通更广泛呢？因为当时邻近的民族契丹、蒙古、女真等同西域各国有贸易关系，而西域是通行白银的，所以宋代的白银通行是受了中亚的影响。而白银的广泛通行，也为银会子的出现提供了条件。

银会子诞生于南宋绍兴七年（公元1137年）。据《宋史·高宗本纪》记载，绍兴七年二月"吴玠置银会子于河池"。这一年，镇守川陕边境的大将吴玠在河池（今甘肃省陇南市徽县）发行了银会子。因此，也有人称它为河池银会子。它以白银作为金额单位，面值有一钱、半钱两种，每年换发一次，广泛流通于甘肃、陕西一带，和当时四川的钱引存在着换算关系，每4钱银会子可以兑换四川钱引1贯。1贯为1000文。

看到这个发行者的名字，你可能会很疑惑，吴玠凭什么发行钱币啊？货币是一个国家的经济命脉，掌握了货币，基本上就可以权倾朝野了。我们之前介绍的所有货币，无论东方的还是西方的，基本都是由皇帝或君主发行的，从秦半两、大流克金币到朝鲜乾元重宝、倭马亚王朝金币等莫不如此。吴玠只是一个将官，凭什么可以发行银会子呢？

吴玠生于元祐八年（公元1093年），他从小就习文练武，长大以后弓马娴熟、文武双全。

20岁左右，他像很多年轻人一样，成为一名保家卫国的军人。他先后在曲端、张浚手下效力，屡立战功。

真正让吴玠从普通人向牛人的蜕变的是宋金富平之战。这场大决战，最终以40万宋军的失败而告终。主帅张浚应该对这次失利负主要的责任。本应据险固守的他，却大意轻敌，贪功冒进，导致"五路皆陷，巴蜀大震"的悲惨结局。这一战葬送了宋军的有生力量，唯一让人眼前一亮的就是吴玠带队奋勇杀敌，打出了几场局部的胜仗。青溪岭之战，吴玠率部大败金军，初露锋芒。

之后又率军收复华州（今陕西省渭南市华州区），剿灭地方叛乱，但这也改变不了整场战局的溃败。

富平之战后，初露锋芒的吴玠担任都统制，受命整编宋军残部，与金兵再战。正是在这段时期，他与金兵之间的三次战役让他扬名天下。和尚原之战，吴玠和弟弟吴璘在孤立无援的情况下，以数千人对数万敌兵，死战不退，后来巧使计谋，左右奇袭，掐断金军粮道后乘胜追击，大败金军。

饶风关之战，吴玠率军奔袭三百里，日夜兼程。面对金军几十万人的进攻，吴玠毫不慌乱，据险而守，坚守六天六夜。金军堆尸如山，仍不能入城。后来有降兵带路，吴玠才无奈撤退。但吴玠料敌机先，败中求胜，斩杀金军上千人。

仙人关之战，金元帅完颜宗弼率军10万进攻仙人关，指望一举拿下，占领蜀地，进而沿长江东下消灭南宋。吴玠与弟弟不畏强敌，关上关下尸山血海，但宋军的旗帜始终高高飘扬。

这三场胜利使得皇帝大悦，亲笔写信："朕恨阻远，不得拊卿之背也！"吴玠与金军对抗十年之久，个中心血难与人言。毕竟他据守的陇蜀之地位置偏僻，交通不便，可谓孤立无援。蜀道之难，难于上青天。诸葛亮北伐时为应对粮饷供给问题，发明了木牛流马。面对粮草供给问题，吴玠也有自己的应对之策。他采取了如下三个办法。

第一，发展农业生产。吴玠实行屯田制，兴修水利，尽量做到自给自足。根据史料记载，吴玠在川陕九州开发了60多所农庄，耕田850多顷，每年可以收获粮食10万石。

第二，裁撤冗员，减少需求。他把很多军人的家属搬迁到江南富庶之地，减少陇蜀之地的供给负担。

第三，实施粮草水陆转运新法，发行银会子。水陆转运增加了供给，银会子的发行促进了商业贸易，从而有效地缓解了粮饷供给的困难。

如果上天能再给他一些时间，也许吴玠可以做出更大的贡献。但多年征战积累的伤病以及饮水不慎，致使仙人关之战五年之后，年仅47岁的吴玠与世长辞。

了解了吴玠一生的功业，你应该能够理解为什么吴玠能凭借将官之位发行银会子。他几乎是以一己之力守住了南宋的一方水土，为整个陇蜀带来了一线光明，在风雨飘摇的残破南宋亮起了一丝微光。

吴玠发行的银会子，是中国乃至全世界最早的银本位制纸币。银会子的发行，便利了川、陕、甘三个地区之间的贸易，促进了商品流通。

根据史料记载，在银会子诞生之前的北宋初年，朝廷因河池的铁矿矿藏丰富，曾在小河关置"济众监"铸钱。但铁钱不利于转移支付，这在一定程度上促进了纸币的诞生。南宋时，白银和会子都在商贸流通中发挥着重要的作用。

在白银供求矛盾不断加剧、银钱兑换价高居不下，商业信用和政府信用不断恢复的情况下，会子获得了新的发展。除了四川的钱引，交子、东南会子、淮南交子、湖北会子相继问世，在各自所属的市场范围内，成为替代白银和铜钱流通的重要货币。然而，在区域市场内部的批量贸易中，白银和会子却各有所长，因此二者的流通范围互为消长。

当会子发行量不大、价值较为稳定的时候，白银流通的市场范围相应缩小。反之，在会子的信用发生危机之时，白银的市场范围则随之扩大。正是在一次又一次的会子信用危机中，"河池银会子"应运而生，体现出会子以银为本的发展趋势。

金银在南宋使用范围很广，将士激赏、官吏俸禄、籴买米粮以及政府公用等，都采用金银，尤其是银。民间交易也常常使用金银。比如南宋初年的马贩子，就经常用金银买卖马匹。南宋"中兴四将"之一的张俊，他的家中白银堆积成山，为了防止被人偷走，张俊将白银铸造成一个个银球，每个银球大约价值白银一千两。他给这些银球取了一个名字叫"没奈何"，意思就是小偷也偷不走，只能无可奈何。

而银会子的出现对每一个人来说都是福音，因为它克服了铁钱和银锭携带上的不便。

山河破碎、衣冠南渡的南宋王朝，版图仅仅局限于中原的一部分和江南地区，矿产资源的匮乏自不待言。因此，纸币家族在整个南宋野蛮生长，诞生了会子、关子、湖北会子、淮南交子、铁钱会子等，但银会子的地位依然不能忽视，是它开启了中国最早的银本位制。

#　世界篇

渡来钱：日本的货币"山寨史"

随着纸币在两宋时期的逐渐发展与流通，宋朝的经济、文化也越来越繁荣，达到了华夏历史上的一个高峰。这个时候，世界上其他国家的经济状况如何？货币发生着哪些变化呢？首先，让我们来看一看深受唐宋文化影响的邻邦日本。唐朝时期，日本的遣唐使到我们国家来学习，开启了盛极一时的奈良时代；到了宋朝，日本进入了平安时代的末期。这时候，日本国内的政治、经济已经发生了翻天覆地的变化，日新月异。现在我们就跟随着那个时代日本的货币——渡来钱，去一探究竟。

渡来钱，顾名思义，就是远渡重洋来到日本的钱。无须多猜，它们来自当时世界上有名的经济大国——宋朝。日本的渡来钱种类繁杂，几乎囊括了宋朝发行的所有钱币，其数量极为庞大：据不完全统计，目前日本出土了共计437万枚渡来钱。通过这个数字，我们不难看出渡来钱在日本钱币界的重要地位。

那么问题来了，在奈良时代，日本就铸造了和同开珎，为什么到了平安时代反而抛弃了自己政府铸造的钱币,而使用渡来钱呢?

原因很简单,那就是政府铸行的货币没有质量保证。在铸行和同开珎之后,日本政府又相继发行了11种货币,它们与和同开珎合称"皇朝十二钱"。"皇朝十二钱"的质量一代不如一代,钱币不仅轻、小、薄、弱,就连钱身上的文字也越来越不清晰,最后更是将铸造钱币的材料直接换成了铅。

因此,"皇朝十二钱"在发行了250年后,逐渐被百姓所弃用。日本政府因噎废食,直接停止了铸行货币,此前被当作货币使用的谷帛再次回归,成为民间商业交易的媒介。

有道是"由俭入奢易,由奢入俭难",日本百姓已经体会过钱币带来的便利,让他们再像以前那样使用谷帛去交易,无疑会遇到很多困难。但是,政府已经没有信心发行新的货币了。直到日本国内的平氏与源氏两大家族争权夺利互不相让,日本钱币界才等到了一丝曙光。

日本平治元年(公元1159年),日本爆发了平治之乱,源氏家族首领源义朝拘禁了天皇,杀死了天皇的亲信。平氏家族的首领平清盛听到这个消息,立刻赶回京城,击败源义朝,并顺势清除了几乎所有的政敌,成了日本的真正掌权者。虽然肃清了朝廷内部,可是朝廷之外还有其他家族的武士集团,源氏一族并没有彻底灭亡,他们在其他地区仍有残存势力。

居安思危的平清盛开始积极发展经济,提升自己家族的实力。当时平氏一族的主要势力位于日本关西以及九州岛一带，这里邻近宋朝，与宋朝之间的贸易相对便利。于是，平清盛便下令废除之前的日本商船出海禁令，积极鼓励商人出海贸易。平清盛还在摄津国的福原（今神户）修建了港口，打通了濑户水道，以便前来的大型船只入港贸易。这一系列的动作使得福原成为九州地区和濑户内海之间的商贸中转地。

此外，平清盛对来往日本的宋朝商人也极为重视。据史料记载，日本嘉应二年（公元1170年），平清盛曾在自己的府邸招待宋朝商人，并特意邀请了后白河天皇一同参加。后来，宋朝的明州刺史送来朝廷的官方文书与方物，希望与日本方面有更多的贸易交流。在这一次的牒文中有着"赐日本国五物色"的字样，日本朝堂上的公卿认为日本国并不是宋朝的附属国，"赐"字是对日本的侮辱，有的人还主张退还，但是平清盛力排众议，命令大臣起草复牒，并回赠了珍贵的礼品。

因为平清盛心里明白，与国内的反对势力争斗，必须要有物质上的支持，而与宋朝之间的贸易是平氏政权最重要的经济支柱，为此他可以放下身段。平清盛的一番心血没有白费，在各类政策的扶持之下，日本商人积极通过神户港向宋朝出口了大量的黄金、白银、珍珠等贵重物品。也有一部分宋朝商人在日本九州博多地区安居下来进行贸易活动，九州博多地区是当时宋日贸易的重要门户。

正是在双方频繁的贸易往来中，大量的宋朝铜钱漂洋过海到了日本，成为日本商人手中的必需品。后来，这些渡来钱便随着商人们流入了日本各地的百姓手中。宋朝的钱币制作精美，含铜量很高，一流入日本，便受到了日本百姓的广泛认可，替代了日本国内的谷帛进行交易，成为日本货币经济发展的基础。

值得一提的是，渡来钱在日本除了流通之外，还发挥着储备货币的作用。因为渡来钱价值稳定，当时在整个亚洲地区，宋朝铜钱的地位相当于现在国际市场上的黄金，不会有大幅度的贬值。日本国内的源、平两大武士集团之间的争斗几乎影响到了全国，日本民众饱受兵戈之灾，于是他们纷纷埋藏和私存铜钱，以备不时之需，价值稳定的渡来钱自然是首选。

源平之争后期，平氏在势力扩张的过程中垄断朝中的高官要职，实行独裁。这一行为不仅触犯了旧势力的利益，还使得作为平氏政权基础的地方武士团发生分裂。同时，源氏家族的新任首领源赖朝趁机联合对平氏不满的武士家族，逐渐形成了一股庞大的反对势力。

治承四年（公元1180年），富士川之战爆发，源赖朝率领联军一举击败了平氏军队，重创了平氏家族的势力。之后几年源赖朝又相继征服了反对势力，最终统一了日本，建立了镰仓幕府，成了日本新一任掌权者。

源赖朝在统一日本之后，立即开始整顿国内的政治与经济。当时日本的经济已经离不开宋日之间的商贸。有史料记载，随着渡来钱的不断流入，日本的物价不断上涨，日本政府曾一度禁止渡来钱流通，但是民间早已习惯了使用信用度高、币值稳定的渡来钱，禁令成为一纸空文。

治民如治川，堵不如疏。深谙这个道理的源赖朝及时改变策略，替代平氏的位置，积极发展与宋朝之间的贸易。另一边的宋朝，虽然贸易对象发生了改变，但是贸易收入并没有变，于是也很乐于继续与日本进行贸易，毕竟当时海上的贸易收益极为丰厚，常常"以百万计"。在这种繁荣的贸易之中，日本的奇珍异宝进入宋朝，宋朝的钱币则大量流入日本，甚至一度使得宋朝境内出现了钱币短缺的情况。

在南宋后期，每年到宋朝的日本商船不下四五十艘。这些日本商船"所酷好者，铜钱而已"，每一艘商船都会从宋朝运走数以万计的铜钱。根据史料记载，在台州（今浙江省台州市），有一次宋人与日本商人贸易时达成的交易额度超过了10万枚铜钱，这直接导致台州一日之间，市井中没有铜钱可用。

由此可见，在那个时代，日本对宋朝货币的需求与追捧。这种追捧直接刺激了日本国内"山寨产业"的发展，一些人开始模仿渡来钱进行私铸。他们没有偷工减料，而是尽心尽力地模仿宋钱，私铸出来的货币也与宋钱相差无几。日本曾出土的相当数量的私铸模具，便是日本货币模仿宋钱的明证。

所以，宋钱是一种非常成功的货币，它不仅在当时的宋朝境内顺畅流通，在传入日本后，同样被日本官方和民间所接受、追捧和模仿。渡来钱对日本的货币文化、商业模式都产生了重要影响。日本九州，由于与宋朝商业往来紧密，成了当时日本最为繁荣的商业区。这些都有力地证明了渡来钱的货币信誉与价值。

越南丁朝太平兴宝：大宋影响下的东南亚经济

在世界范围内，受到我国两宋时期钱币文化影响的除了日本，还有东南亚地区。受中国文化熏陶的越南，钱币文化也深受宋代币制的影响，在越南国内，曾长期流通和使用着宋朝钱币；越南铸造的钱币，其钱文、版式一直以中国钱币为样板，比较有代表性的是越南丁朝的太平兴宝。

太平兴宝是大瞿越国在公元970年铸造的钱币，铜质，圆形方孔，钱径2.4厘米，钱重1.9克。钱币上的"太平兴宝"四字为汉字正书，对读。"太平"代表着年号；"兴宝"为首创，既有别于中国传统的"通宝"名称，又具有祝福大瞿越国国运昌盛、万世太平的寓意；背文"丁"字，以记朝代。目前，有实物可考的越南货币，最早的就是丁部领建立的大瞿越国所铸造的太平兴宝。

那么，大瞿越国是如何建立的？它为什么要发行太平兴宝钱币呢？

这就要从十二使君之乱说起。在吴朝时代，越南内部形成了十二个割据称雄的大封建主,他们具有一定规模的势力,自称"使君"。公元944年,前吴王吴权去世,外戚杨三哥篡位,吴权的长子吴昌岌出逃,吴权的次子吴昌文发起兵变。吴昌文死后,全国持续陷于动乱的状态。

各据一方的十二个使君建城筑垒,相互火拼,史称"十二使君之乱"。十二使君之乱给百姓造成了巨大的损失和深重的灾难,违背了老百姓和平、统一的愿望。割据、内战,加上时不时地受到来自外国的侵略,使得越南这个小国时时处于风雨飘摇之中。

此时,故事的主人公出现了,他就是丁部领。前吴王吴权未能完成的使命,落到了他的头上,而他不辱使命,高举统一国家的大旗,力战群雄,终于完成了历史所赋予的使命。

公元967年,十二使君之一陈明公的部将丁部领平定了各使君。公元968年,丁部领建立了越南历史上第一个统一的封建王朝——丁朝,并确定国号为"大瞿越",年号为"太平"。群臣上尊号大胜明皇帝。就这样,越南独立之后的第一个皇帝产生了。

丁部领之所以能够结束这样一个混乱了20多年的局面,并建立越南历史上的第一个独立封建王朝,主要有以下几个方面的原因。

首先,从外部来看,当时的中国局势有利于丁部领创业。唐朝灭亡之后,中国的北方有五代,南方有十国,五代十国的统治者为争夺统治权和扩大领域,进行了长达半个多世纪的混战。其中南汉的统治更是十分脆弱,虽然南汉委与安南四氏以节度使、安南都护等职,但实际统治者乃是曲、杨、矫、吴四氏。在这之后的北宋，宋太祖赵匡胤费尽九牛二虎之力结束了五代十国的纷乱，他对于越南丁氏根本无暇顾及。所以，宋朝只能继续采取睦邻政策，这为丁部领积蓄力量、聚兵起事提供了有利的外部条件。

其次，从越南本土方面来说，四氏和十二使君为争夺实际的统治权，长期内战，谁也无力主宰政局。丁部领充分利用了这一千载难逢的良机，在根据地骥州和华闾洞卧薪尝胆，伺机兴兵消灭各股势力，建立丁氏政权。在平定十二使君的过程中，他采取了一系列正确的手段：先是采用联姻的办法，把强大的吴日庆、吴昌炽拉到自己一边；然后，诱降了范白虎，使之成为他打天下的一员"亲卫将军"；最后，对与之为敌的杜景硕、阮超、矫公罕、矫顺、阮宽、吕唐等，采取了各个击破的方针。最终各方势力尽归于丁部领手中。

实现统一后，丁部领着手采取了一系列的治国措施：在国都筑城凿池、起宫殿、置百官、设年号，打造属于自己的钱币。他铸造的第一种钱币就是参照中国钱币形制的太平兴宝。因为丁部领一直以来深受中华文化的影响，太平兴宝从钱币的形制、工艺，到文字、书法，都与中国钱币如出一辙。然而，它也有独创的地方，钱文"太平兴宝"四字，有别于10世纪以前中国常见的通宝、元宝、重宝等，带有祝福国运兴盛、万世太平的寓意。

但是，独立后的越南经济发展十分缓慢，丁部领铸造的太平兴宝钱币，流通范围仅仅局限于丁朝在北方所辖的部分领土，其他大部分地区仍以中国的唐、宋钱币为主。20世纪90年代初，越南当代钱币学家阮文宁在中越钱币历史问题研讨会上言简意赅地指出了中越钱币之间的关系。他发言指出:"越南钱仿照中国钱系,都按方孔圆钱铸造……丁、黎、李、陈、胡、后黎、西山、阮朝,无一朝代不铸钱。但是,由于同中国有贸易关系,故各朝又都用中国钱。"

越南独立前一直作为中国封建王朝版图的一部分而存在,由于不是一个独立的国家,没有铸造钱币,商品交易使用中国货币。在越南著名的东山文化遗迹中,除了鼎、剑、青铜器等中国文物,还有大量的汉五铢钱和王莽钱币出土;唐朝在桂林设置钱监铸钱,故开元通宝也在越南很多地区流通。

同时,丁朝的内部纷争不断,社会动荡,民生凋敝,铸钱逐渐减少,以致最终停铸。以后各朝代,越南还曾仿行中国的纸币。公元1396年,越南政府下令收回所有的铜钱,仿照中国纸币的模式发行纸币。而且,政府规定,纸币发行以后所有人都必须使用,伪造和使用铜钱者都要斩首。此外,政府还规定了铜钱与纸币的兑换比例为1贯纸币兑铜钱1.2贯。

后来的越南历代封建王朝,基本上都效法中国的典章制度,因此越南历代所铸钱币,也都是仿照中国封建王朝的钱币而铸造。

用中国传统的铸币工艺铸造钱币,并且使用中国钱币,是东南亚国家货币文化的一大特色。两宋时代,中国经济和海上贸易在唐朝的基础上更加繁荣。根据统计,当时东南亚、南亚等地区与宋朝发生贸易和交往的国家达50多个。这种交往,既有政府之间的朝贡式的贸易,也有民间的私商贸易,其中最受欢迎的就是铜钱,正如南宋的官员所说"海外东南诸番国,无一国不贪好"。

马尼拉附近有许多宋代瓷器和宋代的钱币出土；20世纪上半期，爪哇、巴厘诸岛也发现了大量中国北宋时期的铜钱；文莱等地也曾多次出土过宋朝的钱币。

公元10世纪，越南独立封建国家开始形成和发展。丁朝的太平兴宝的发行，开创了越南独立铸钱的先河。随着社会商品经济的发展，货币在越南封建社会中的地位和作用也越来越重要，并且由低级向高级发展，由单一向多元化发展。

太平兴宝发行流通不过短短10年的时间，但它是越南效仿中国钱币文化的开始。对越南货币的研究，同时也是对中国货币文化研究的延伸。越南货币是东方钱币文化的重要组成部分，越南人民在吸收外来钱币文化以弥补自己不足的同时，也发展着自己的钱币文化，为东方钱币文化和世界钱币文化贡献了自己的力量。

弗罗林金币：揭秘基督教的第一枚金币

神圣罗马帝国是一个延续了近千年的帝国，但由于中央政府的衰落，其大部分时间都处在一个联邦的局面，封建公国、自由城市拥有高度自治的权力，既不听调也不听宣，只是承认帝国有个皇帝而已。这些封建公国、自由城市不仅在政治和军事上保持着自治，在经济上也有着自主铸币权。有一枚货币便是由一个自由城市铸造，却流通于整个欧洲。它就是弗罗林金币。

弗罗林金币发行于公元1252年，钱币正面是鸢尾花饰，背面是施洗约翰像。鸢尾花饰是意大利佛罗伦萨的市徽，代表着钱币的发行地是佛罗伦萨；施洗约翰是基督教的先行者，因为给耶稣施洗而得名，是基督教的象征。每一枚弗罗林金币都含有54格令的纯金，大致相当于今天的3.5克金。由于其自身过硬的质量，弗罗林金币在发行之后便成了当时的硬通货，迅速流通于整个欧洲。

弗罗林金币之所以能够有如此广泛的流通范围，跟它的发行城市佛罗伦萨也有着密不可分的关系。提到佛罗伦萨，大多数人的第一印象是艺术之都，毕竟这里是欧洲文艺复兴的中心，达·芬奇、但丁、米开朗琪罗等诸多大艺术家都曾经聚集在这里进行艺术创作。事实上，佛罗伦萨除了是艺术之都外，还是当时的商业中心。

那时候佛罗伦萨的全称是佛罗伦萨共和国，是意大利中部的一个城市国家。它在获得神圣罗马帝国承认的自治权之后，便将神圣罗马帝国空降来的督政官赶走，之后本地的大商人、银行家和城市贵族相互勾结，正式进入统治阶层。当然，他们并不是简单粗暴地直接宣布开始统治，而是通过行会的形式，"润物细无声"地成为城市幕后的统治者。

行会是中世纪欧洲常见的一类组织，它成立的初衷是为了保护本行业的利益。因为中世纪的欧洲社会秩序混乱，陆地上有土匪强盗，海面上有海贼横行，商人们经过封建领主的领地时还常常被截留剥削，经商成了一场依赖运气的大冒险。在这种背景下，商人们开始有意识地联合起来，实行武装护商，形成了一个个既有钱，又有武装力量的行会。

这些商人拥有了金钱和武力之后，便开始追求政治方面的地位。他们开始与城市贵族勾结，争取城市的自治权。那时候神圣罗马帝国的中央政府已经极为衰弱，军队根本打不过商人们的雇佣兵，最后也只能无奈地承认城市自治。而在城市自治之后，行政权力自然也被行会所掌握，所以在相当长的一段时期内，大商人与银行家才是欧洲中世纪城市的支配者。

佛罗伦萨共和国的执政团便是由大行会7人代表和小行会2

人代表共同组成，而幕后控制这些行会的，正是拥有庞大资本的佛罗伦萨商人。在获得政治上的支持后，佛罗伦萨的商业、手工业迅速发展，海外贸易横跨亚欧非三个大陆；到了公元1338年，佛罗伦萨已经有了200多家呢绒纺织工场，开始出现了早期的资本主义萌芽。

同一时期的中国也有了行会，北宋的汴京、南宋的临安行会多达数十家，入会者达到数千人。但是，宋朝的商业却始终处在一个瓶颈期。这一方面是因为宋朝政府的权力相比于西欧更加集中，无论是商人还是商会，都始终处于封建王朝的控制之下；另一方面是中国传统思想中"士农工商"的概念，使得商人这一阶层永远处在社会最底层，是统治者的剥削目标，这一点从汉高祖刘邦时期的"贱商令"开始就已经显露出来。

佛罗伦萨经济的繁荣相当一部分是依托其地理位置的优越。其实不只是佛罗伦萨，中世纪的意大利城市都很发达。这是因为意大利半岛是地中海的咽喉要地，从希腊时代起，这里便已是商业贸易的中转站。意大利南部的城市负责地中海地区的贸易，北部的城市主要通过陆路与西欧大陆进行贸易往来，各类加工产品与天然产物的贸易交流在这里从来没有停止过。

这里不得不提的一座城市便是威尼斯，它是众多意大利城市中，因为地中海而受益最大、贸易发展最快的一座城市。自8世纪起，威尼斯商人便与君士坦丁堡建立了贸易联系，将来自西欧的产品通过地中海运送到拜占庭帝国，以获得庞大的商业利润。后来，更是频繁地与亚历山大、大马士革、凯鲁万等进行经济往来，扩大自己的商贸路线。

其他意大利城市受到威尼斯发展的影响，也开始相继涉足地中海地区的贸易，这使得意大利商人成为欧洲当时不可忽视的一个商人团体，而这也正是弗罗林金币能够传遍欧洲的一个重要原因。依靠海洋生存的意大利商人，不像西欧大陆依靠土地生存的小农那样封闭、保守，他们容易接受新的理念。在商业贸易迅速发展的同时，相应的城市功能逐渐健全，所以中世纪意大利城市才有资格成为自由城市。

可以说，在新航路开辟前，欧洲的商业贸易一直离不开意大利商人。然而，随着新航路的开辟，全球进入大航海时代，曾经高高在上的意大利商人风光不再，佛罗伦萨、威尼斯等意大利重要商业中心也开始走向衰落。这固然有地理位置重要性降低的原因，更多的则是因为意大利商人自身。在之前的商业贸易中，意大利商人占据地理优势，对来往的商人都会"扒一层皮"，其他地区的商人只有这一条路能走，所以不得不忍气吞声。但是在新航路开辟之后，他们开始选择更远的新航路，不再受意大利商人的气，曾经繁荣的意大利航线就这样冷清了下来。

意大利商人不仅对其他地区的商人心狠手辣，对付起自己人来也毫不手软。为了利益，他们常年相互竞争，有时甚至达到刀兵相见的程度。在历史上，比萨是佛罗伦萨的宿敌。为了打击佛罗伦萨，它跟大多数城市背道而驰，公开支持神圣罗马帝国在意大利进行统治。另一对更大的贸易敌手是威尼斯和热那亚，它们在海外的斗争人所共知。威尼斯在东地中海打击热那亚商船，而热那亚则在西地中海排挤威尼斯人。

这一方面是因为意大利商人的目标都是海外市场这一块蛋糕，另一方面则是因为意大利商人的集团错综复杂。在那个时候，一般来自一个国家的商人都被称为一个"民族集团"，而由于意大利自由城市较多，一个城市的商人们便为一个"民族集团"，这直接导致集团之间分歧多于合作。在公元1451年的英国羊毛进口贸易中，十多个城市的意大利商人来到了伦敦。为了自己能得到更多的羊毛，他们不惜代价，争相向英国人提供优惠条件，这样做的后果自然是损害了意大利人的整体利益。

佛罗伦萨的工商业便是在这个时候衰败下来的。13世纪末，佛罗伦萨所进口的羊毛，占英国羊毛出口总量的12%。到了15世纪，运到佛罗伦萨的英国羊毛数量大幅下降。因为原材料的不足，佛罗伦萨的支柱产业毛呢业的收入也大幅度下降。所以，佛罗伦萨人又开始选择前往西班牙购买羊毛，然而西班牙羊毛供应商并没有选择衰弱的佛罗伦萨，而是选择了北方强盛的荷兰。

荷兰在当时属于汉萨同盟的一员，汉萨同盟是北欧沿海各商业城市和同业公会为维持自身贸易而结成的经济同盟，其巅峰时期包括英国、荷兰、德国、俄罗斯等国家的北部城市。无论是经济实力还是海上贸易网都远超同时期的佛罗伦萨商人，做出这种选择也是理所应当。当西欧、北欧商人在国家政策与商业同盟的双层保护下，在国际市场上显示出咄咄逼人的态势时，意大利商人仍是内斗成风、秉守着单个行动的旧传统，自然会节节败退，直至衰落。

虽然意大利商人暂时退出了历史舞台，佛罗伦萨也不再是经济中心，但是它铸行的弗罗林金币却并没有受此影响。这一方面是因为弗罗林金币的质量过硬，深得人心，就连神圣罗马帝国的选帝侯们都开始模仿弗罗林铸行新币。另一方面是因为基督教的存在，中世纪的欧洲基督教盛行，而佛罗伦萨的银行家们有代教廷收税的权力，这就使弗罗林金币成了基督教的一个象征。即便西欧、北欧的商人崛起，他们使用的还是弗罗林金币，记账的货币单位也是弗罗林。正因为如此，我们把弗罗林看作众多基督教国家货币的一次统一，是基督教的第一枚金币。

第五章
明清时代经济的清明与衰败

中国篇

大明宝钞:"明朝那些事儿"的开端

自《明朝那些事儿》这套书出版以来,明史热持续了十多年不退,《明朝那些事儿》《万历十五年》等常年位于历史类书籍畅销榜前列。其实,除了历史类书籍,我们还可以通过大明宝钞来粗略地了解一下明朝的"那些事儿"。

大明宝钞的全称是"大明通行宝钞",发行于明太祖洪武八年(公元1375年),是明朝发行的唯一的纸币。它是我国也是世界上迄今票幅最大的一种纸币。大明宝钞长约30厘米,宽约20厘米,主体颜色为青色,外围以龙纹为装饰。视觉上方焦点处题写六个大字:大明通行宝钞。下方竖着分两列印有八个篆体字:大明宝钞,天下通行。两列篆体字的中间是铜钱的图案,具体样式根据纸币面值的不同而变化,直观地表现出钞与钱的换算关系,这在钱币设计史上可谓独具匠心。除此之外,它还有刺青版的防伪印记。大明宝钞用桑皮纸印制而成。桑皮纸的主要制作材料为桑穰,即桑树的第二层皮,配料用的是废弃的纸打成的纸浆,真是物尽其用。

大明宝钞为什么会在洪武八年发行呢？这还要说到元末群星闪耀的那些故事。元朝末年，天下大乱，韩林儿、张士诚、陈友谅你方唱罢我登场，但他们在朱元璋面前，都只能败走麦城。这些人都铸造了自己的钱币，韩林儿铸造了龙凤通宝，张士诚铸造了天佑通宝，陈友谅铸造了大义通宝，朱元璋自己也发行了大中通宝。但朱元璋统一天下后发现，由于铜钱供给困难、民间私铸，商业贸易极不方便，大多数商人和百姓仍沿袭元朝的习惯，使用纸币。因此朱元璋于洪武八年发行大明宝钞，宣布恢复纸币的流通制度。洪武十三年（公元1380年），朱元璋废中书省，分其权于六部，此后由户部发行新钞，状告"天下军民，无分中书户部，一体使用"。宝钞沿袭元朝的旧制，但是印刷精美，远胜于元。明成祖朱棣即位后，大明宝钞的年号并没有改为永乐，仍为洪武。所以终明一代，大明宝钞年号皆为洪武。

前文提到过的大明宝钞刺青版的防伪印记，是一段警诫造假者的文字，其中有一句话是"伪造者斩"，可见明朝政府惩罚伪造者的严厉程度。为什么朱元璋会如此痛恨那些伪造者呢？这还要从他的人生经历说起。朱元璋的一生波澜壮阔，风起云涌，上则为王皇，下则为僧乞，可以说完美地诠释了"开局一个碗，爱拼才会赢"这种人生设定。

朱元璋生于一个贫苦的农民家庭，祖上数辈都是拖欠税款的贫下中农，在淮河地区四处躲债，艰难生存。这样的家庭背景让他从小就丧失了读书的条件，不得已成了地主家的放牛娃。即使如此，生活的艰辛还是没有放过他，16岁那年，一场大旱灾的来临导致朱元璋的父亲、大哥、母亲在短短半个月内先后饿死。

为了生存,朱元璋剃发易服,当了一个小和尚。但饥荒并没有因为他的悲惨而停止,饥荒导致寺院也无法维持,只能打发和尚们云游四方,还没有成年的朱元璋也沦为托钵流浪的乞丐。朱元璋在淮西一带乞讨了三年,才重新回到寺院。

这时候,发小汤和来信劝他加入红巾军,朱元璋有所顾虑,迟迟无法决断。正犹豫间,他的师兄告诉他,有人已经知道此信内容,将要告密,朱元璋怕生事端,只好投奔红巾军。入伍之后,朱元璋作战时身先士卒,机智灵活,不久就当上了红巾军的头目。随着徐达、汤和、李善长、朱文正、刘基等人的纷纷加入,朱元璋走上了统一天下的道路,鄱阳湖大战击败了最大的敌人陈友谅,平江战役消灭了张士诚,后以徐达、常遇春为正副将军,率军25万,北进中原。公元1368年,朱元璋于应天府(今南京市)称帝,国号大明,年号洪武。同年8月进攻大都(今北京市),元顺帝、皇太子等逃亡至蒙古草原,朱元璋逐步统一了全国。

父母等亲人的饿死在他的心里留下了难以挥去的阴影,三年的流浪生活又让他见惯了世态炎凉、人情冷暖,他对平民百姓的贫苦生活了解程度可能是中国古代帝王中最深的。因此他对所有造成贫困的人和事才会深恶痛绝,恨不得赶尽杀绝,这也为他日后规定贪污超过60两一律处斩、设立鸣冤鼓鼓励百姓上京击鼓告御状等行为埋下了伏笔。

即使如此,明朝市井百姓的生活也并没有太大的改善。关于这一点,我们可以通过大明宝钞的兴衰看出一二。大明宝钞发行于洪武八年（公元1375年），到了洪武二十七年（公元1394年），两浙、福建、两广、江西一带，1贯宝钞可兑换铜钱的数额已从发行之初的1000文锐减至160文。短短20年，货币贬值超80%。这可以说明，在明初，纸币在流通领域已经趋于崩溃了。

随着商业流通中铜钱、银的使用范围日趋扩大，纸币的流通领域进一步压缩。正统十三年（公元1448年），1贯宝钞只能兑换铜钱10文左右，到了孝宗弘治年间（公元1488年至1505年），纸币已基本不再流通，近乎名存实亡，除了政府官员、军官的俸禄还采用部分宝钞支付，商业贸易和民间日常生活支付，所采用的货币基本都是白银和铜钱。政府虽然仍在发行宝钞，但基本上已经成了保存祖制的象征措施，在市井生活中起不到多少作用。

为什么一个对底层生活烂熟于心的皇帝，为了平民百姓和国家福祉定下的全新的纸币制度，实行了短短20年就趋于崩溃了呢？下面几点原因或许可以解释这个疑问。

第一，没有准备金，货币价值不稳定。一般说来，政府发行货币后，会采取两种方式来保持货币价值的稳定：一是以政府的信用作为担保，二是与白银或者黄金等贵金属挂钩。很明显，大明宝钞属于第一种，明政府在发行大明宝钞时并没有为它准备相应的准备金，它完全以政府的信用作为担保。在这种情况下，如果政府能够根据经济状况制定科学的政策，从而进行有效的宏观调控，或许可以保证货币价值的稳定，但是明政府并不具备这种能力。大明宝钞发行后，明政府为了使其迅速通行全国，规定平民百姓必须把金银兑换成大明宝钞，并且这种兑换是单方向的，百姓可以把金银兑换成大明宝钞，却不能把大明宝钞兑换成金银。时间一长，明政府的公信力丧失殆尽，大明宝钞的货币价值稳定必然受到影响。

第二，国家随意发行，货币贬值速度快。朱元璋是贫苦出身，不懂经济，突然发现了只要印制纸币就能获取财富，他会怎么做呢？为了获取更多的财富，他大量发行大明宝钞，却没有意识到滥发货币可能造成的危害。当时明朝政府发行大明宝钞有两个依据：一是原材料的总量，二是工匠的生产能力。因为印制大明宝钞的主要材料是桑皮纸，这种纸需要专业的工匠花费很长时间来制作。但只要原料充足，工匠生产能力有保证，政府就一刻不停地印刷宝钞。朱元璋在位期间唯一一次暂停发行大明宝钞的原因，是工匠需要休息。在这种高密度的生产下，明朝到底发行了多少大明宝钞，是我们可以充分发挥想象力的事情。

第三，白银的冲击。白银因为自身贵金属的属性，开采量有限，所以价值比较稳定。百姓发现白银具备良好的保值功能后，自发地通过各种方式把手中的大明宝钞兑换成白银。正好这个时候，欧洲人通过地理大发现开启了大航海时代，来自世界各地的商人为中华大地带来了大量的白银资源。

第四，伪钞的冲击。虽然明朝政府在印制宝钞时采用了独特的防伪标志，但是这种技术并不发达，聪明的人研究一段时间后，就可以造出以假乱真的假币。这些假币流向市场后，经济学中劣币驱逐良币的现象就发生了。

综上所述，虽然在发行之初，大明宝钞曾经历了短暂的辉煌，但不懂经济的朱元璋所发行的纸币先天就有缺陷，而后代皇帝却抱着因循守旧、保存祖制的心态小修小补，导致其终于不可挽回地走向了衰亡。作为大明王朝发行的唯一一种纸币，它虽然没有像宋代的交子、会子那样大放光华，但也曾散发出了一丝微光，而这一丝微光或许可以照亮前行的路。

万历通宝：晚明钱制的风暴即将来临

大明宝钞开启了"明朝那些事儿"的盛世画卷。而《万历十五年》这本经常出现在大众视野中的畅销书也不甘示弱，洗尽岁月的尘埃，向世人展现出一幅晚明长卷。其中第一个散发出勃勃生机、迫不及待地挤进我们视野的就是万历通宝。

万历通宝始铸于明神宗朱翊钧万历四年（公元1576年），造型仿制嘉靖通宝，形制只有小平、折二两种，但银、铜、锡等材质都有发现，最常见的是小平钱，赤、青、白三色均有。钱文有肥瘦之分，钱体大小、轻重不同，钱背有星月纹、龙纹和记地、记监、记重等各种符号和文字，制作工艺有的糙，有的细，版式纷繁复杂。

由于铸造量大且种类繁多，万历通宝的铸造一定程度上体现出了经济学的两大基石——分工与合作。它是由两京（北京和南京）及全国各省分别铸造并发行的，两京铸金背和火漆，而其他各省铸旋边。

值得一提的是，万历初年中央政府铸钱的数量并不多，只有大约2万枚，与当时两亿人口的汪洋大海相比实在是沧海一粟。万历十三年（公元1585年），增加到15万枚，而万历二十年（公元1592年），这个数字为9万枚。你可能会奇怪，从1585年到1592年，经历了7年时间的发展，铸钱的数量怎么会下降呢，难道是经济下滑了吗？

其实不然，晚明时期江南地区的经济非常发达。

事实上，当时全国一共有60余座铸钱炉，这个数量并不少。其中潞安府这个地方就拥有2座较大的铸钱炉，平均一年可以为朝廷铸钱1万枚左右。这么大的铸造炉需要三四千名的铸币匠人才能维持正常运转，这给地方带来了丰厚的经济收益，但同时也催生了私铸货币赚取利润的现象。据《潞安府志》记载："监造官与匠役减去铜料，杂以铅锡，愚民见利争趋，日有私铸，虽论死不止。"

万历初年铸钱量少，原因何在？这就需要我们看一看万历通宝诞生之初，大明王朝的货币铸造与流通情况了。明初，太祖朱元璋在洪武八年（公元1375年）发行了大明宝钞，重新奠定了纸币的重要地位，而这正是万历通宝钱币铸造不多的原因。还记得大明宝钞的诞生背景吧：铜钱供给困难、民间私铸、商业贸易不方便、大多数商人和百姓仍习惯沿袭元朝的旧习，以纸币进行交易。

由此可见，在明朝初年的社会背景中，纸币才是主流，而铜钱只是一个小小的辅助。没有人想到，这个当时公认的主流，经过短短几十年，就走上了灭亡之旅。主角一死，没有新主角的加入,配角就自动晋升为主角,铜钱渐渐走上了舞台的中心。

从明太祖朱元璋到明穆宗隆庆帝时代一共经历了十二位帝王,其中有六位皇帝铸造并发行了钱币,但大多数量有限,直到明神宗万历年间,纸币名存实亡。

明朝第一枚铜钱是明太祖朱元璋于洪武元年(公元1368年)发行的洪武通宝。洪武通宝沿袭了朱元璋未称帝之时铸造的大中通宝的形制,分为五等——小平、折二、折三、折五和当十钱。但洪武八年(公元1375年)朱元璋发行大明宝钞后,为推行纸币流通,当年就停止了中央及各地钱局的铸钱事务,第二年铜钱全部停铸。之后,时停时铸,经历了30多个春秋。

在这30多年中,最值得铭记的应是永乐通宝。永乐大帝于永乐六年(公元1408年)铸造并发行了永乐通宝。此钱铜色紫红,全部为小平钱,钱币直径2.5厘米,制作工艺精致统一,钱文秀逸,笔画端庄,为真书直读,光背无文。它的影响力远渡重洋,到达了日本,日本的丰臣秀吉曾经用金、银、铜等矿产仿制过一批永乐钱,分为打制的和铸造的两种。

永乐通宝发行之后,明代铜钱进入了"城头变幻大王旗"的时代。明宣宗宣德八年(公元1433年),宣德通宝出世。弘治十六年(公元1503年),弘治通宝诞生。嘉靖六年(公元1527年),嘉靖通宝开铸。为防止民间私铸钱币,嘉靖通宝提高了工艺水平,铸造出火漆、旋边、金背等钱币。火漆就是二次熔炼,旋边就是用旋车锉磨边缘,金背是指经四火熔炼之黄铜,俗称"四火黄铜"。隆庆四年(公元1570年),明穆宗铸造隆庆通宝。隆庆通宝每文重一钱三分,有金背、火漆两种。但隆庆时期铸钱数量不多,当年两京铸钱仅2万贯,是嘉靖时两京铸额的一半。

明星诞生了。在这之前,明铜钱可谓尝尽人间苦,深陷漫漫长夜。但随着明神宗万历皇帝的登基,明朝的铜钱也开始气随天地转。"时来天地皆同力,运去英雄不自由。"明铜钱终于度过了它的至暗时刻,开始点燃星星之火。

万历二十年(公元1592年),万历朝鲜战争开始,军费开支递增数十倍,但财政收入却减少了近一半。为应对危机,明政府放开铸钱,以获取充足的财政收入来支付军费。万历二十年以前,全国的铸钱局一共只有60座铸钱炉,到了万历二十年,增加到100座。万历三十年(公元1602年),户部等机构已开250座铸钱炉,应天府又增加了100座炉。短短10年时间,新增铸钱炉共350座。

明政府最初铸钱时分工明确,户部铸纸钞,工部铸铜钱。但现在,宝钞已死,铜钱当立。户部也开始投入铸铜钱这项一本万利的活动中。中央自己都放开了手脚,那地方肯定要为所欲为了。

一时间,火苗蹿天齐,四散如群星,各地铸钱数量猛然爆发。但铜矿资源不会增多,于是铜价飞速上涨。一见情势不对,大量刚刚打造的铸钱炉还没投入使用就被迫闲置了。工人们无以为生,为了生存,只好私自铸造铜钱,各种私铸的劣币流入市场,导致市面上流通的铜钱数量大大增加,这种状况一直持续到大明王朝终结。

正如唐朝的乾元重宝启发了朝鲜的高丽王朝打造出乾元重宝

背东国钱一样,明朝的铜钱也不仅在本国影响深远,它对朝鲜、日本,甚至整个东亚都产生了广泛的影响。

我国明朝时期,朝鲜半岛处于最后一个统一封建王朝——李朝的时代。明朝与李朝友好相处,两国使节往来不断,经济文化交流频繁,军事上互相支援,可谓中朝关系史上非常友好的一段时间。李朝的货币制度,基本上就是明朝的翻版。李朝初,遵循旧制,通行纸币。1423年,模仿唐朝的开元通宝铸造朝鲜通宝。1633年,又模仿明朝的万历通宝铸造常平通宝。

我们前面讲过日本的渡来钱,就是从中国跨越千山万水到了日本的钱。而渡来钱又分为渡唐钱和古钱。所谓古钱,指的是唐钱和宋钱。而渡唐钱,指的就是洪武通宝、永乐通宝、宣德通宝、弘治通宝等明钱。有资料记载,日本在1432年到1547年的11次贸易交流中,输出刀20万把,换回铜钱共40万贯。

就这样,明朝钱币在货币的探险之旅中披荆斩棘,不断前行,绽放出一朵又一朵的钱币之花,并最终构建出独属于整个东亚的钱币花园。

顺治通宝：清朝入关的"顺治梦"

上一节我们用万历通宝结束了明朝的货币旅程。这一节迎来大清。说起清王朝，你可能耳熟能详的是：康熙、乾隆、慈禧、曾国藩、李鸿章，还有收复新疆的左宗棠。鸦片战争打开了中国的大门，可能也在你的心底留下了清王朝孱弱不堪的印象。但是清朝一直是软弱无能的吗？我们可以借顺治通宝来粗略了解一下大清前期的状况。

清朝的币制与明朝大致相同，不同点是白银的地位日趋重要。顺治通宝铸造于清世祖顺治年间（公元1644年至1661年），是满族人入关后正式铸造的第一种钱币。钱币正面铸有"顺治通宝"四个字，钱文为宋体，阅读顺序为直读（自上而下、自右而左）。多数铸钱由黄铜打造，有极少数为青铜制造。钱体趋于扁平，钱缘宽而阔。顺治通宝主要为小平钱，少数为折二、折十大钱，按背文变化和铸行阶段可以分为五式。

公元1644年，清军入关，爱新觉罗·福临进驻北京，即皇帝位，改元顺治，开始设立铸钱局铸钱，命工部、户部开设宝源局、宝泉局,后来随着天下统一,在各地设铸钱局,铸造"顺治通宝"。清军刚刚入关的时候,因为自身的钱币还没有成熟,只能允许明钱流通。清朝钱币基本定型之后,就严禁使用明钱及其他古钱,独行清钱。

早期顺治钱基本上保留了明朝制钱的工艺,随着不断的更新换代,顺治通宝逐渐从明制钱的体系中脱离,构建出独属于自己的清代制钱风格。顺治通宝经历了五次改革,才最终确定下来制式,清朝也确立了自己的货币体系。这五次改革,产生了五种形式的顺治通宝,被称为"顺治五式"。

顺治一式,又被称作"仿古式"。铸造时间为顺治元年至顺治八年(公元1644年至1651年),钱币种类包括光背、背符号、背纪值三类。既然叫作仿古式,模仿别人这个标签基本上是躲不开的,这时的顺治通宝具有明显的明朝钱币的特点。但钱背没有纪钱局文字,也有人称它为"无纪局"式。这是清朝入关后铸行的唯一一种无纪局标志的制钱。

顺治二式,又被称为"单汉字纪局式"。它是有纪钱局文字标志的。这种钱币铸行时间为顺治元年至顺治十年(公元1644年至1653年)。它最大的特点是钱背有单个汉字用来表示铸造它的铸钱局。由于顺治早期铸钱局很多,所以顺治二式种类丰富,有31种背文,它们用来表示19个铸钱局。顺治十七年(公元1660年),顺治二式与顺治一式一起停用,并被回收销毁。这两式是顺治通宝的初级阶段。

顺治三式,又被称为"一厘式",钱背穿左书写"一厘"二字。顺治"一厘式"钱目前共发现17种，除"云一厘"外，铸行时间为顺治十年至顺治十四年（公元1653年至1657年），康熙二年（公元1663年）停用。云南铸的"云一厘"比较特殊，铸造时间为顺治十六年至顺治十八年（公元1659年至1661年）。这个时候的顺治通宝已经到了中级阶段，在一定程度上是清朝初年银钱双本位货币制度的实物体现，具体表现为一千厘顺治通宝可兑换一两银子。

顺治四式，又被称作"背满文式"，钱背所铸文字为满文，铸造时间为顺治十四年至顺治十八年（公元1657年至1661年）。发行之初，为了统一管理，户部题准各省铸钱局一律停止铸钱，由户部宝泉局与工部宝源铸造背满文钱。顺治四式每文重一钱四分，是历史上最重的小平制钱，它已经进入了顺治通宝的高级阶段，基本上摆脱了明朝铜钱的样式，开创出了自己的风格。因此，它抵抗住了时间的侵袭，一直流传到清宣统时期，也就是溥仪那个时代。

顺治五式，又被称为"满汉文式"。顾名思义，钱背铸有满、汉两种文字标记铸钱局简称，分列穿孔左右。铸造时间为顺治十七年至十八年（公元1660年至1661年）。根据《清朝通志》记载，该式有直隶蓟州镇局满汉"蓟"字、河南满汉"河"字等。福建的满汉"福"字与云南的满汉"云"字钱没有正式开铸。目前，满汉"福"字钱仅发现数枚部颁样钱，而满汉"云"字钱还没有真品面世。

怎么样，你懂顺治五式了吗？要知道，韦小宝基本不会武功，但是有了英雄三招和美人三招之后，也时不时地能出奇制胜。而这顺治五式如果你都搞明白了，那顺治通宝这种小五帝钱（顺治、康熙、雍正、乾隆、嘉庆等五位清朝皇帝在位时铸的钱）之首，你基本上就掌握了百分之八十。虽然不能保证你华山论剑，晋升五绝，但当个钱币界的江南七怪还是轻而易举的。

如果你还想再进一步，向钱币界的黑风双煞、风尘三侠进击，那就需要了解一下顺治这个人以及当时那个风云激荡的时代了。

"朕为大地山河主，忧国忧民事转烦……我本西方一衲子，因何生在帝王家……"清朝入关的第一位皇帝爱新觉罗·福临，也就是顺治皇帝，于公元1661年驾崩。这一年，他刚刚年满24岁。

爱新觉罗·福临是皇太极的第九个儿子，清崇德三年正月三十日（公元1638年3月15日）出生于盛京（今辽宁省沈阳市）。他的母亲就是大名鼎鼎的孝庄文皇后。天聪十年（公元1636年），皇太极正式称帝，改国号为大清，年号崇德。皇太极称帝后对明朝发动进攻，在崇德五年到崇德七年（公元1640年至1642年）的松锦大战中生擒明军主帅洪承畴，可谓声名赫赫。皇太极本想乘势南下，统一全国，却因宸妃之死而悲痛欲绝，驾鹤西去。

崇德八年（公元1643年），年仅6岁的爱新觉罗·福临在皇太极死后被拥立为帝，后在叔叔多尔衮的帮助下于顺治元年（公元1644年）迁都北京，在故宫又举行了一次即位典礼。随后，他便在母亲和多尔衮的辅佐下，渐渐成长。顺治七年（公元1650年）冬，多尔衮意外死于塞北打猎途中。顺治八年（公元1651年），

14岁的顺治正式亲政。

顺治十三年（公元1656年），顺治的一生挚爱董鄂妃入宫。这一年，董鄂妃18岁，顺治19岁。不到一年，董鄂妃晋升为皇贵妃。一年后，董鄂妃生下皇子，可惜短短数月，皇子夭折；董鄂妃伤心过度，病痛缠身，不久病死。几个月后，顺治走上了老爹皇太极曾经走过的路——在心爱之人死后驾鹤西去。还有一种说法是顺治看破红尘，登上五台山，削发为僧。金庸就持这种观点。但目前来看，病死应该是最可靠的说法。顺治死后，8岁的爱新觉罗·玄烨即位。他励精图治，被人尊称为"千古一帝"。

此刻，我们回过头再看看顺治五式就会发现：顺治一式和顺治二式是在多尔衮掌权时期发行的，这段时间顺治通宝还处在初级阶段，没有摆脱明朝钱币的影响；而从顺治三式到顺治五式，从初级进入中级、高级并最终臻于完善的境界，是在顺治亲政后做到的。

顺治处在战争与和平的过渡时期，因此他在经济上必须有所建树，才能得到人民的支持。为了恢复农业生产，发展经济，顺治采取了一系列的措施，大力鼓励屯田垦荒。顺治元年（公元1644年），清政府制定屯田垦荒令，劝民垦荒。顺治十年（公元1653年），清政府设立兴屯道、厅，专门推行屯田垦荒。顺治十四年（公元1657年），清政府制定了鼓励地主、乡绅招民开垦荒地的政策，同时制定了垦荒考成的规则，按垦荒实绩对地方官员予以奖惩。同年，将重修的《赋役全书》颁布天下。这些措施，使得在战火硝烟影响下，已经濒于绝境的农业恢复了生产，经济发展也渐渐有了转机。

此外，顺治对官员内部藏污纳垢的情况非常警惕，他派监察御史巡视各地，惩治了很多贪官污吏。并且，顺治眼光高远，基本上没有满汉之分，处事不偏不倚，不仅依靠自家满人，同样也依仗汉人臣子。顺治十六年（公元1659年），顺治基本上统一了全国，当然，除了东南沿海，因为那里还有一颗华夏天空永恒的星辰——国姓爷郑成功。

由此观之，顺治此人即使不是天纵奇才，但至少是学而知之、困而学之的中人之姿。从这个角度来看，顺治没有辜负"顺天而治"这个美好的期待。如果他最后没有陷入深情编织的罗网，继续励精图治下去，或许能和他儿子康熙一样为世人所铭记。

作为小五帝钱之首，顺治通宝不仅在钱币收藏界有很重要的地位，而且在货币史、金融史乃至经济史上也有一席之地。顺治通宝是战时货币演化的经典案例，你可以通过它以点破面，剖析清前期战后经济如何恢复，也可以通过它研究货币白银化这个课题。如果你还不过瘾，铸币纪局制度可能会对你的胃口。

乾隆通宝：清朝最后一个辉煌盛世的余光

通过顺治通宝，我们粗略地知道了清王朝前期的真实模样，了解了顺治慧极必伤、情深不寿的短暂人生，顺便还知道了他的儿子康熙。接下来，我们就好好了解一下康熙的孙子"十全老人"——乾隆和他的乾隆通宝。

雍正十三年（公元1735年），清高宗爱新觉罗·弘历即位；次年，改元乾隆，并铸行乾隆通宝。乾隆通宝直径约2.5厘米，重量约3克。钱文"乾隆通宝"四个字阅读顺序为直读（自上而下、由右而左）。钱背文字为满文，穿孔左边有"宝"字，穿孔右边铸有钱局名。

乾隆在位60年之久，因此乾隆通宝的版别非常多，币种、形状、大小等都发生过数次变化。譬如钱文方面，京局多用宋体，宝浙局多用楷书，宝陕、宝川两局则用隶书，但大多数地方钱局采用的还是宋体。此外，还有同时背满文、回文两种文字的新疆红钱。少数的钱背有星，有汉字，还有纪年、纪值、合背、吉语等钱。乾隆一朝，常见的共有22个铸钱局，其中新疆的6个铸钱局铸造的是红钱。

特意要提到新疆，是因为新疆和中原的钱币还有不同。

中原与新疆虽然采用的都是乾隆通宝，但是二者用料不同，一红一绿。乾隆通宝多用黄铜与青铜制作，也有少量采用国外的洋铜浇制。而新疆铜钱虽然也采用中原一以贯之的方孔圆钱形式，但所用的主要原料是当地生产的红铜，因此也被称为"新疆红钱"或者"普尔钱"。"普尔"这个词在维语中就是钱的意思。

接下来，我们就来看一看乾隆这个人以及当时的世界。康熙五十年八月十三日（公元1711年9月25日），爱新觉罗·弘历出生在雍亲王府邸。弘历6岁开始接受启蒙教育。12岁时，弘历第一次见到自己的爷爷康熙，深受其喜爱。不久之后，弘历的父亲雍正即位。17岁时，弘历与富察氏成婚。弘历25岁的时候，雍正驾崩，弘历即位，年号乾隆。

乾隆三十年（公元1765年），大清国平安无事，一切都跟往常一样有条不紊地运转着，而乾隆的后宫却发生了巨变。皇后那拉氏被乾隆"不废而废"，贵妃魏佳氏被册立为皇贵妃，代行皇后之职，统领后宫。同一时间，在万里之外的英伦三岛，纺织工人兼木匠詹姆斯·哈格里夫斯，在一次偶然的机会中发明了珍妮纺纱机，从英国发起的工业革命开始了。

乾隆四十年（公元1775年），在太平洋的另一边，莱克星顿一声枪响，美国独立战争正式爆发。次年7月4日，主要由杰弗逊起草的《独立宣言》获得通过。虽然这时的美国只是一个嗷嗷待哺的婴儿，但一百多年后，它将成为新世界的中心，一个超级大国。

乾隆五十年（公元1785年），大清国依然是一片歌舞升平。乾隆皇帝为了表示皇恩浩荡，在紫禁城中举办了一场千叟宴，邀请大清国年过六十的老人共聚一堂，参加的大约有三千人，整个宴会觥筹交错，宾主尽欢，场面之大，盛况空前。而在遥远的大不列颠，瓦特的改良蒸汽机投入使用。这是工业革命的标志性事件，人类社会正式进入了一个全新的时代——蒸汽时代。

乾隆五十八年（公元1793年），英国马戛尔尼使团来到中国，带来了工业革命最先进的产品，以及天文、地理、科学等最新的研究成果。马戛尔尼使团希望用这些先进的工业产品和清朝开展贸易，促进双方的发展。但是乾隆皇帝却以"天朝物产丰盈，无所不有，原不藉外夷货物以通有无"为由，拒绝了使团的贸易请求。

嘉庆四年正月初三（公元1799年2月7日），乾隆皇帝驾崩，终年89岁。40年后，林则徐虎门销烟，中国的禁烟运动取得初步胜利。次年，人数不足两万的英军用坚船利炮，击溃了数十万清军。神州梦断，华夏神伤。一寸山河一寸血，亿万子民亿万伤。

时代车轮滚滚向前，乾隆通宝却抱着"任尔东西南北风，我自岿然不动"的决心不悲不喜、不来不去。

世界篇

拿破仑金币：拿破仑与四国货币同盟

明朝、清朝的统治者因为种种原因闭关锁国，中国的经济发展也慢慢落后于西方。这时候的中国货币虽然还算稳定，但比起大航海时期的世界诸国，就显得逊色了一些。大航海时代以后，西方国家通过新航路将世界联系在了一起，全球经济进入了一个全新的时代。现在，让我们跟着西欧曾经的主要流通货币——拿破仑金币，去看一看强盛起来的欧洲经济的繁荣景象。

拿破仑金币是发行于1865年的金法郎，主币是面值为100法郎、50法郎、20法郎、10法郎和5法郎的金币，同时还有5法郎、2法郎、1法郎的银币作为辅币，这与我们现在所使用的人民币的面值有些相似。提到拿破仑金币，很多人第一时间都会想到法兰西第一帝国的缔造者，也就是那个曾征服欧洲的法国皇帝拿破仑·波拿巴。但是，拿破仑金币并非由拿破仑·波拿巴发行，而是由他的侄子，也就是法兰西第二帝国的开创者拿破仑三世主持发行的。

当然，这并不是说这枚金币和拿破仑毫无关系。事实上，早在公元1806年，拿破仑便有了打造统一的货币的计划。那时候的欧洲，大片土地都被拿破仑所征服，但是欧洲各国的货币依然五花八门，严重影响了彼此之间的贸易。为此，拿破仑曾经给他的兄弟，即当时的荷兰国王路易·波拿巴写信，建议他在铸钱的时候使用跟法国一样的单位，荷兰的钱币一面印路易·波拿巴的像，另一面印军队的徽标。这样整个欧洲的货币就统一了，对贸易会有很大的好处。这里提到的路易·波拿巴便是拿破仑三世的父亲。

然而，这次的货币统一计划并没有得到落实，原因是拿破仑对英国发起了一轮经济制裁，使得英法两国的经济都受到了不同程度的影响。在历史上，这两个国家的矛盾由来已久，在14世纪到15世纪，两国还曾经爆发过历时116年的百年战争。

到了17世纪，法国在拿破仑的领导下发展成了欧洲大陆的霸主，而英国则利用自己的海上优势成了日不落帝国。俗话说，一山难容二虎，英法两国在争夺海洋、殖民地和世界霸权等方面展开了全面的较量。

拿破仑征服欧洲大陆之后，就开始计划如何打败英国。为此，他制定了三个方案：一是直接入侵英国本土；二是远征埃及，切断英国和东印度之间的贸易联系；三是对英国进行经济封锁。前两种方案都需要强大的军事力量支持，然而在1805年的特拉法尔加海战中，法国海军舰队全军覆没，主帅维尔纳夫成了俘虏。自此，法国失去了与英国在海上争霸的资本。

无奈的拿破仑只能执行第三个方案，希望凭借经济封锁困死英国。刚开始，只有法国一个国家对英国进行封锁，效果并不理想。之后，拿破仑又通过对外征战，控制了欧洲大陆西海岸的港口城市，从而截断了欧洲大陆跟英国之间的贸易路线。在拿破仑的武力胁迫下，欧洲大陆的众多国家先后加入了对英国经济封锁的行列，就连远在大洋彼岸的美国也加入其中。

这一次，英国的经济遭受了沉重的打击，尤其是在拿破仑颁布控制走私活动的敕令之后，英国粮食和商品的进出口额剧减，国内粮食严重短缺，爆发了饥荒。这次的封锁还直接导致英国大批工人因为无法生活下去而开始暴动，英国政府的公信力跌至冰点。

经济层面的战争从来都是一把双刃剑——虽然英国经济在这次的制裁中萧条下来，但是法国与欧洲诸国也都受到了不同程度的影响。首先，作为国民收入主要来源的法国农产品和部分工业产品失去了英国及其殖民地这一庞大市场；其次，一些原材料依靠进口的工厂纷纷破产倒闭，政府的财政收入逐年减少。

相比于法国的损失，欧洲大陆其他国家更是损失惨重，因为拿破仑在这次经济制裁中制定了"法国高于一切"的政策，强迫其他国家接受不平等的商业条约，承担经济封锁的绝大部分损失。这引起了欧洲各国的不满，其中便包括荷兰。

路易·波拿巴是拿破仑分封的荷兰国王，极为亲民，深受臣民的爱戴。在经济封锁期间，他曾亲自到各省去考察，看到荷兰原本十分繁荣的贸易和工业变得一片萧条。于是他向拿破仑进谏，说荷兰人是商业民族，如果割断其与英国的商业联系，荷兰的经济将会彻底崩溃。但是，拿破仑警告他的兄弟路易·波拿巴：如果荷兰不听话，我就将它并入法国。

此时，路易·波拿巴终于明白过来，他这个国王在他的兄长眼中，只是一个傀儡而已。但他不能对荷兰的民生不闻不问，所以他大胆地违抗了拿破仑的命令，放任荷兰沿海与英国的走私活动。世上没有不透风的墙，拿破仑很快知道了这个消息，他派遣一支法国部队进入荷兰，逼迫路易·波拿巴退位。路易·波拿巴干脆利落地放弃了国王的身份，拿破仑将荷兰并入法兰西帝国，将其分为若干个省份，派出了自己的地方官去管理。

这种经济封锁的局势直到拿破仑在滑铁卢战役中失败才宣告结束。这次经济封锁给欧洲的经济带来了巨大的创伤，使得欧洲未来几十年都未能恢复如初。拿破仑的货币统一计划也因此搁置。

在拿破仑失败后，法国国内的政局也一波三折，先是法国曾经的统治者波旁王朝复辟。之后爆发了七月革命，奥尔良王朝上台。随之又爆发了二月革命，建立了法兰西第二共和国，而这个共和国的总统便是拿破仑的侄子——拿破仑三世。最后，拿破仑三世发动了政变，解散议会，建立法兰西第二帝国。

拿破仑三世虽然是路易·波拿巴的儿子，却是在拿破仑身边长大的，并且一直将拿破仑当成自己的偶像。在拿破仑和他的儿子相继去世之后，拿破仑三世便产生了一个信念，那便是继承伯父拿破仑的帝业，于是当皇帝就成了拿破仑三世梦寐以求的目标。

拿破仑三世真正做了皇帝之后，才发现做皇帝并不是一件易事。首先要做的便是振兴法国萧条的经济。他知道他的伯父拿破仑曾经有统一货币的计划，也了解货币统一可能会给法国的经济带来一个全新的面貌。为此，拿破仑三世在公元1865年与比利时、意大利、瑞士三国召开会议，建立了拉丁货币同盟。同盟确定了以法国货币体系为基础，统一发行新的货币。这便是拿破仑金币。

拉丁货币同盟的建立和拿破仑金币的发行，增加了成员国之间的金融往来，促进了各国的商业发展，还解决了法国白银价值上涨的问题。稳定币值是欧洲各国共同的需要，教皇国、西班牙、希腊等国先后加入了拉丁货币同盟，使得拉丁货币同盟成为欧洲境内的第一大经济组织。

欧洲的经济也随着货币的稳定而逐步回暖，然而这个庞大的经济组织并没有存在太久。20世纪初，第一次世界大战爆发。战争耗尽了欧洲各国的财力，各国政府不得不借助发行货币来刺激经济，结果引起了货币大幅度贬值。拉丁货币同盟也在这次的货币贬值中宣告解体，拿破仑金币也停止了流通。

作为世界上流通最久的金币，拿破仑金币产生的影响并未马上消失，万国邮政联盟、国际电信联盟，仍有一段时间继续以拿破仑金币为记账结算单位。拉丁货币同盟的时代不仅是欧洲经济繁荣的时代，也是欧洲人感情团结的一个时期。今天的欧盟，便是以拉丁货币同盟为模板成立的。

神圣罗马帝国银币：头戴皇冠双头鹰的腾飞

介绍完越南的太平兴宝，我们基本上就把支撑东方货币文化体系的成员介绍完了，相信大家应该已经对整张东方货币文化地图有了一定的认知。接下来，我们将视野再次拓宽，看一看当时世界其他地区的货币发生了哪些变化。

说到世界，必谈欧洲，而当时欧洲经济的主角就是神圣罗马帝国银币。公元1565年，神圣罗马帝国皇帝马克西米利安二世为了纪念自己的父亲斐迪南一世，打造并发行了泰勒骑士大银币，面值为1.5泰勒，雕刻方法为高浮雕，它属于比较特殊的纪念钱币。纪念币是为某个重大事件、杰出人物、名胜古迹、珍稀的动植物或者体育比赛等而发行的法定货币。纪念币大多是精工细作，比普通钱币要精致得多，而且是限量发行的。

这枚银币作为典型的西方货币，延续了西方货币一以贯之的正面为具体人物、背面为神像或关于神的某种标志的设计。但这枚钱币背面的标志却令人记忆犹新：一只腾空而起的双头鹰气势骇人，一双翅膀刻画得更是飘逸十足，活灵活现，生机勃勃，它头顶的皇冠象征着皇权的威严。并且,银币的边缘地带也没有浪费,布满了装饰图案以及文字。

钱币背面的双头鹰图案有何含义?通常西方货币中与国王像对应的是神像,即使是带有字母的德涅尔银币也采用了十字架这一标志。可以说,神这个元素在整个西方货币体系中从未远去。那这只腾空的双头鹰为什么能取代神像与国王像对应呢?是神圣罗马帝国为了标榜自己的"神圣"吗?

我们先来了解一下神圣罗马帝国究竟是一个什么样的帝国。

法国伟大的思想家伏尔泰对神圣罗马帝国有一句神评:"它既不神圣,也不罗马,更非帝国。"首先我们要清楚一件事情,就是神圣罗马帝国和罗马帝国之间没有任何的顺承关系。在某种程度上,神圣罗马帝国反而是罗马帝国的死神。因为罗马帝国分裂为东西两国之后,北方蛮族南下,废黜西罗马最后一个皇帝,欧洲进入中世纪。神圣罗马帝国的建立者就是北方蛮族的后代。

法兰克王国国王查理大帝于公元800年的12月25日,在梵蒂冈的圣彼得大教堂接受教皇利奥三世的加冕,这是"神圣帝国"的雏形。查理大帝的儿子路易一世死后,法兰克王国分为三个国家——西法兰克王国、中法兰克王国和东法兰克王国。其中,东法兰克王国不断发展,公元962年,奥托一世同样在圣彼得大教堂加冕称帝,神圣罗马帝国的历史从此开始。

此时,双头鹰标志还没有出现在神圣罗马帝国的钱币上。事实上,双头鹰标志不是神圣罗马帝国的发明,它在西方最早出现于10至11世纪的拜占庭帝国。当时的帝王伊萨克一世,第一次将原罗马帝国的单头鹰标志更改为双头鹰。关于此，有一种说法是，这个设计暗示了拜占庭帝国横跨欧亚两大洲的现实。

由于拜占庭帝国的巨大影响力，俄罗斯、神圣罗马帝国也逐渐以双头鹰作为帝王和国家的纹章。从腓特烈三世开始，神圣罗马帝国的皇帝都以双头鹰作为自己的标志。这一方面是因为拜占庭帝国的巨大影响力，另一方面是神圣罗马帝国为了显示自己疆域之大。有趣的是，双头鹰的象征意义，到今天还在被众多的国家所使用，俄罗斯、塞尔维亚、阿尔巴尼亚等国的国徽上，依然有双头鹰的形象。

那么，这枚带有双头鹰的神圣罗马帝国泰勒骑士大银币的打造背景又是什么样的呢？说来话长，从13世纪开始，欧洲白银的开采量大幅度增长，弗莱堡、弗里萨赫、伊赫拉瓦等地相继发现了大型银矿。随着贵金属供应量的不断增加，物价开始普遍上涨。另一方面，已经流通长达5个世纪的德涅尔银币的公信力面临着每况愈下的颓势。

德涅尔银币的衰落，使得很多交易只能用贵重的香料做货款，或者使用以马克为单位计算的银锭、银条。但这两种物品严格说来都不是真正意义上的货币。普通人一般情况下不会拥有贵重香料，而银锭、银条又过于沉重，不方便携带。一种事物如果不能适应现实的需求，它迟早会被取代。这枚泰勒骑士大银币就是为了适应当时的经济状况而产生的。

其实，神圣罗马帝国初期，和所有统一国家一样——普天之下，莫非王土。但是在大部分时间，它都只是一个徒有国家之名，却没有国家之实的松散的政治联盟。它是由数百个公国、侯国、伯国、自治城市等组成的。每一个小国家、地区之间都具有一定的主权，类似于我国东周时期的诸侯国，周天子大权旁落，春秋五霸、战国七雄便各自为政。神圣罗马帝国的皇帝基本上就是东周时期周天子的欧洲版。

早期的神圣罗马帝国皇帝尚具有一定的实际权力，但随着时间的推移，神圣罗马皇帝虽仍旧是最高的权威，却要由七大选帝侯公开选举产生，而不是世袭。到了神圣罗马帝国的中后期，奥地利的哈布斯堡王朝通过皇室联姻和金钱贿赂，垄断神圣罗马帝国皇位长达400年，奥地利的首都维也纳也顺理成章地成了神圣罗马帝国实际上的首都。

说起来，哈布斯堡王朝的经济崛起方式非常特别。经济崛起最常见也最保险的方式应该是自力更生、丰衣足食。但哈布斯堡王朝却另辟蹊径，它通过联姻实现了经济崛起和领土增加的双丰收。

哈布斯堡王朝与西班牙、荷兰、匈牙利等地的王室频繁联姻，获得了庞大的家业。当时的荷兰处于欧洲的入海口，商业繁荣，而荷兰地区当时的统治者勃艮第公爵只有一个女儿玛丽，哈布斯堡王朝便展开了疯狂的追求攻势，希望得到玛丽的垂青。1477年，哈布斯堡王朝如愿以偿，马克西米利安一世迎娶了玛丽，这次婚姻为他带来了巨大的财富。单荷兰的一个省，一年的税款便接近8万镑，足以支撑王朝发动几次战争。同时，哈布斯堡还获得了勃艮第和尼德兰。勃艮第地理位置非常重要，控制了此地，就等于控制了法国与意大利之间的钥匙，而尼德兰更是当时商业发展非常先进的地方。

哈布斯堡王朝最成功的联姻是通过结婚得到了西班牙。也许是因为西班牙的重要性超过其他地区，哈布斯堡皇室不仅让自己的皇子迎娶了西班牙公主，还把自家的公主嫁给了西班牙王子，亲上加亲。当时的西班牙拥有举世无双的海上力量，可以说整个东西方贸易尽在其掌握，算得上当时欧洲最强大的国家。

通过与西班牙王室的联姻，哈布斯堡成功统治了当时的西班牙王国，并继承了西班牙的领地。西班牙与哈布斯堡的结盟，使哈布斯堡获得了充足的财力支持，这笔财力足以支撑它东跟土耳其对抗，西与法兰西争雄。奥地利附近的匈牙利和波希米亚，也被哈布斯堡通过联姻收入囊中。1523年，匈牙利国王战死，哈布斯堡王朝根据当时的婚姻继承条约，获得了匈牙利与波希米亚，这使哈布斯堡王朝的触角扩展到了东欧。

通过一次次的联姻，哈布斯堡家族实现了领土扩大和经济崛起的大丰收。当时有歌曲唱道："让别人去打仗吧，你，幸福的奥地利，结婚去吧！战神阿瑞斯赐给别人的东西，爱神维纳斯也会赐给你呀。"

在如今的欧洲，奥地利这个国家早已退居二线，似乎只有音乐之都维也纳和莫扎特的故乡萨尔茨堡这两个亮点，偶尔还会出现在大家的视线中。但我们也不该忘记，它曾是欧陆的霸主，是基督教对抗伊斯兰教的强大力量，是真正意义上的全"德国"的领主。

泰勒银币：普法战争后的钱币荣光

神圣罗马帝国银币依托强大的帝国开枝散叶，生生不息，在整个欧洲大陆掀起了一股股风暴。神圣罗马帝国银币其实是泰勒银币家族中的重要一员，它具备泰勒银币的主要特征：正面是具体人物，背面是皇冠双头鹰标志，钱币边缘是装饰图案以及文字，等等。接下来，我们就要隆重地请出泰勒银币中的翘楚——玛丽亚·特蕾莎·泰勒银币。

玛丽亚·特蕾莎·泰勒银币俗称大奶妈银币，首次铸造于公元1751年。公元1780年，玛丽亚·特蕾莎女王逝世，此后所铸钱币上的年号停留在了1780。银币正面的主体图案是特蕾莎女王右侧面的肖像，拥有一头卷发的女王披着一条头巾，尽显丰满富态，具有18世纪欧洲女性的明显特征。银币背面的主图雕刻得极为细腻，线条细如发丝，显示出极为高超的造币工艺。最上面的图案为缀有十字的皇冠，代表着宗教的地位，下面的雄鹰象征皇权的威严。雄鹰的翅膀飘逸，极富动感和层次感，银币中间的盾牌上还有一只站立的雄狮。大奶妈银币跟袁世凯银币、站洋、坐洋等银币相比，体积略大，重量更重，打造工艺更为精湛。

关于大奶妈银币这个俗称的来历，其实特蕾莎的一个绰号就完全可以解释清楚了——特蕾莎被人称为"欧洲王室的丈母娘"。也就是说，当时大多数欧洲王室男性，都是她的姑爷。她最有名的女儿是她的小女儿，即法国国王路易十六的王后玛丽·安托瓦内特。"大奶妈银币"这个称呼，可能也是目前为止最为有趣的一个钱币俗称。在钱币俗称上和它类似的就是我们比较熟悉的"袁大头"了。

下面我们就走进玛丽亚·特蕾莎的世界去看一看，那里有着怎样的风景与记忆。

玛丽亚·特蕾莎是神圣罗马帝国皇帝查理六世的长女，出生在奥地利的霍夫堡皇宫。据说特蕾莎出生的时候，她的父亲查理六世正在打猎。得知自己的孩子即将降生，他立刻奔袭回宫，只为了第一时间目睹孩子的诞生。当时查理六世已经32岁了，却还没有一个继承人。在当时的社会，人们基本上十七八岁的时候就有后代了，32岁的查理六世怎么可能不着急呢？

早在公元1713年，28岁的查理六世就颁布了《国事诏书》，承认女性同样可以继承、管理家族的世袭领地奥地利大公国。由于神圣罗马帝国的皇位不能由女性继承，他又迫使德意志诸侯在《国事诏书》上签字以确保自己女儿的继承权。

当然，签字这个东西的靠谱程度不过尔尔，查理六世去世后，玛丽亚·特蕾莎继承了奥地利王位。但是，那些签过字的诸侯在王位面前，早把高尚的道德抛于脑后，巴伐利亚选帝侯、波希米亚国王、普鲁士国王，法国以及西班牙的军队全部加入到了铁王座之战。

长达8年的奥地利王位继承战争就此拉开，年仅23岁的玛丽亚·特蕾莎仓促应对。幸好匈牙利的王公贵族向女王宣誓效忠，得到了匈牙利10万军队的她才有了一战之力。虽然查理七世利用诸侯和女王之间的矛盾，取得了神圣罗马帝国的皇位，但女王利用条约，又获得了盟友普鲁士的支持，从而局面开始扭转。

公元1745年，神圣罗马帝国皇帝查理七世去世。也许是担心自己继承皇位会再出问题，特蕾莎便让自己的丈夫弗兰茨一世继承了神圣罗马帝国的皇位，而她自己则当了奥地利、匈牙利、波希米亚这三个国家共同的君王。

在这次继承战争中，她曾说过一句话："上帝的怜悯使我坚强，使我能够在他为我安排的布满荆棘、痛苦和泪水的道路上徘徊前进；就算战斗到最后，我宁可卖掉最后一条裙子，也绝不放弃西里西亚！"她让所有人都见证了她不输于男性的刚强。

特蕾莎作为神圣罗马帝国最杰出的女王，阴阳平衡，可刚可柔。有一次，特蕾莎和已经继承了神圣罗马帝国皇位的弗兰茨一世微服出访，走了良久，特蕾莎有点口渴。疼爱她的弗兰茨一世便走进一座葡萄园，摘了一串葡萄。那园丁能干吗？当然要抓小偷。弗兰茨一世本想拿钱购买，可哪个皇帝出门会带钱呢？所以，他只好跟园丁坦承："我是神圣罗马帝国的皇帝。"

园丁听后大怒："你要是神圣罗马帝国的皇帝，我就是英国的国王。"于是，弗兰茨一世和特蕾莎被当作小偷关进了地窖。

当然，二人肯定是平安无事的，他们也没有为难园丁。为了纪念这次特殊的经历，特蕾莎还在此处立了一块牌子："神圣罗马帝国的皇帝侵犯了私人财产，而匈牙利的女王就是他的同谋，甚至可以说是教唆犯。"

这句话与英国首相威廉·皮特（老皮特）的"风能进，雨能进，国王不能进"的那句名言有点类似，但是更有趣，也更有情。

说了这么多泰勒银币的事，你可能感觉和普法战争后的钱币荣光关系不大。其实普法战争后的钱币荣光，正是因泰勒银币的消亡而造就的。你可能感觉这个观点有点出人意料，那就听我慢慢道来。

普法战争中的普，就是普鲁士。在奥地利王位继承战中，特蕾莎失去了西里西亚，而得到西里西亚的正是普鲁士。几十年后，普鲁士为了统一德意志，发动了三次王朝战争，第二次战争就是与奥地利进行的普奥之战。通过普奥之战，普鲁士取代奥地利成了德意志地区当之无愧的巨无霸。

接下来的普法战争，普鲁士则把法兰西赶出了德意志。虽然这时的法国早已不是欧洲雄狮拿破仑掌舵，但掌舵法兰西的拿破仑三世与拿破仑是叔侄关系。所以，普鲁士首相俾斯麦非常谨慎，利用埃姆斯电报，诱使年轻气盛的拿破仑三世在根本没有准备充分的情况下就对普鲁士宣战。以逸待劳对仓促宣战，俾斯麦对拿破仑三世，结果可想而知。

即使是拿破仑复生，与俾斯麦决战江湖，想取得胜利也没那么容易，更何况是拿破仑三世这个沐浴在拿破仑荣光下的侄子呢？在俾斯麦的带领下，三次普法战争，普鲁士全部取胜，普鲁士统一了德意志，成立了德意志帝国。

一个统一的帝国当然需要稳定的货币，但这时的德意志的货币体系非常混乱，泰勒银币、荷兰银币、沙俄金币、拿破仑金币、荷兰威廉金币、丹麦金币等众多货币共同流通。面对如此混乱的局势，普鲁士决定在公元1871年12月开始使用金马克。最终其在公元1876年完成货币统一。而在此转换过程中，其依靠的正是泰勒银币。

其原因无他，就是因为流通了几百年的泰勒银币价值非常稳定。公元1875年7月符腾堡更换货币单位，公元1876年1月巴伐利亚正式更换货币单位，这宣告了德意志帝国的货币改革完成。这次货币改革，彻底解决了德意志邦国货币混乱的问题，而这一切都离不开泰勒银币的贡献。

莫卧儿金币：印度地区的最后一个黄金时代

通过本书前面的介绍我们已经知道，古代亚欧大陆有四大钱币体系，即西方钱币体系、东方钱币体系、南亚次大陆钱币体系和伊斯兰钱币体系，并且了解了属于伊斯兰钱币体系的倭马亚王朝金币。本节，我们来认识一枚融合了南亚次大陆钱币体系文化和伊斯兰钱币体系文化的金币——莫卧儿金币。

莫卧儿金币是莫卧儿王朝发行的一种货币，面值一般为1莫霍尔或1/2莫霍尔，正面是波斯文赞语，背面是作证言。贾汗吉尔统治时期（公元1605年至1627年），莫卧儿王朝国力鼎盛，打制了很多巨型金币，其中最大的一种面值1000莫霍尔，重12千克，直径203毫米，据称存世仅2枚。沙·贾汗统治时期（公元1628年至1658年），莫卧儿王朝国势日盛，沙·贾汗也像他的父亲贾汗吉尔一样打制了不少大型金币，其中最特别的一种面值200莫霍尔，重2.3千克，直径136毫米。19世纪80年代，曾有一位学者在自己发表的论文中有一幅200莫霍尔金币币面摹写线图，展现了此钱币的华丽与精美。莫卧儿王朝正是继孔雀王朝、笈多王朝之后，印度地区的最后一个黄金时代。一方面莫卧儿金币和以印度为代表的南亚次大陆钱币体系密不可分。另一方面，莫卧儿金币正面的波斯文赞语以及背面的作证言都是伊斯兰体系钱币的重要组成部分。

接下来，我们来了解上文中提到的200莫霍尔金币的发行者沙·贾汗的一生。

公元1607年，还是王子的沙·贾汗跟一个姑娘订婚了。这一年，他15岁，那个姑娘14岁。他们相识于"集市节"——莫卧儿王朝最伟大的阿克巴大帝设立的一个节日，类似于现在的情人节。王子对姑娘一见钟情，从此开始了一段惊天动地的爱情故事。

经过不懈的努力，王子终于在20岁的时候跟姑娘完婚。从此这个姑娘被王子称作泰吉·玛哈尔，意思就是宫中最高尚的人。尽管王子跟泰吉·玛哈尔结婚的时候已经有了两位妻子，但他把感情全部都献给了泰吉·玛哈尔。泰吉·玛哈尔也总能为沙·贾汗排忧解难，她会尽一切可能帮助自己的丈夫。沙·贾汗成为皇帝之前，多次因为皇位之争流亡他处，泰吉·玛哈尔总是不离不弃，支持他做他想做的事情。

公元1631年，沙·贾汗率军出征南方，泰吉·玛哈尔随军。此时沙·贾汗已成为莫卧儿王朝的皇帝，而泰吉·玛哈尔正怀有身孕。不幸的是，途中泰吉·玛哈尔遭遇难产，沙·贾汗眼睁睁地看着自己的挚爱死去。他埋葬了爱人，封闭了自己的心门。

同年，须发皆白、满脸皱纹的沙·贾汗想为往生的爱人打造一具闪闪发光的金棺；这还远远不够，因为他是至高无上的皇帝,他要为他的妻子打造出"永恒面颊上的一滴眼泪"。他找来了最好的设计师、最好的工匠,从拉贾斯坦邦运来了最洁白的大理石,用宫廷内最美的珠宝进行装饰。总之,他动用了海量的资金,以至于莫卧儿王朝的国库几乎被耗空。

22年后,这滴"永恒面颊上的眼泪"终于呈现出全貌,世界七大奇迹之一的泰姬陵正式竣工。传说沙·贾汗抚摸着洁白的泰姬陵,计划在它的对面建造一座黑色大理石陵墓,等自己百年之后,与一生挚爱以这种形式长相厮守。但是,莫卧儿王朝的钱财已经难以支撑这个宏伟的想法了,而且他的时间也不多了。

公元1657年,沙·贾汗重病,他的几个儿子开始夺权。奥朗则布在权力的诱惑下,把父亲沙·贾汗送到了离泰姬陵不远的阿格拉堡,软禁在那里。这座阿克巴大帝修建的莫卧儿时期最雄伟的城堡,成了沙·贾汗最后的归宿。

也许正是因为沙·贾汗拥有这种极致的浪漫,他才充满了无穷的想象力,才会铸造出如此精美的金币。

莫卧儿王朝自沙·贾汗之子奥朗则布死后,就陷入了农民起义的汪洋大海。英国人巧妙地利用了印度各地区之间的矛盾与冲突,逐渐在印度地区站稳脚跟,并通过东印度公司从商业到殖民,蚕食印度的血脉,最终消灭了莫卧儿王朝,建立起对印度的殖民统治。

英国是如何通过商业进入印度的呢?阿克巴大帝进行的货币改革,以及沙·贾汗发行的莫卧儿金币,都直接促进了印度城市的繁荣和发展。16世纪,在印度沿海和部分内地城市,可以发现来自欧洲、阿拉伯半岛、波斯、亚美尼亚乃至中国和日本的参观者和临时居民。繁荣的莫卧儿王朝对外政策非常开放，他们喜欢世界各地的好东西，也接纳了来自世界各地的人。

16世纪之后，印度对外贸易继续发展，进出口商品种类繁多，各国商船持续往来印度。印度出口商品以棉织品、香料、蔗糖、珠宝为大宗，输入品主要为中国的丝绸、瓷器，以及金银、珠宝、药品等。频繁而有效的贸易进一步促进了印度商品经济的发展，使得很多以手工业为支柱产业的集镇和城市相继开始繁荣。而欧洲人这时已经开始了地理大发现的旅程。

17世纪，英国、荷兰、法国相继成立东印度公司，而莫卧儿这个版图非常辽阔的帝国成了欧洲人重要的扩张目标。新兴的公司纷纷在印度设立商馆，建立殖民据点。公元1639年，英国人租用的一块地发展成了马德拉斯市（今印度金奈），到17世纪末，马德拉斯的人口数量已经达到40万。公元1668年，东印度公司从英王手中得到了孟买，公元1744年，孟买的居民达到了7万人。公元1698年建立的加尔各答市，公元1735年，它的居民也达到了10万人。

莫卧儿钱币品质之优、流通地域之广、民众接受程度之高，举世公认。莫卧儿王朝皇帝大都对钱币极其重视，进行了多次货币改革，而沙·贾汗发行的莫卧儿金币一定是莫卧儿钱币中最独特的一种，甚至是世界钱币之林中无法忽视的一种。

墨西哥鹰洋：墨西哥独立后的首度试飞

对于欧洲各国而言，大航海以后是一个经济飞速发展的时代。但是，它们的发展是建立在殖民与掠夺的基础上的。自哥伦布发现新大陆以来，欧洲人先后在美洲、非洲、大洋洲建立了殖民地。接下来，我们就去看一看殖民时代的美洲国家的货币与经济，这一切都要从墨西哥独立之后发行的货币——墨西哥鹰洋开始讲起。

墨西哥鹰洋发行于公元1823年，是墨西哥摆脱殖民统治之后打造的新货币。鹰洋分两种，一种是花边鹰洋，一种是直边鹰洋，两种货币的规格相同，都是直径3.9厘米，重27.07克。两种鹰洋的正面都是一只展翅的雄鹰，它叼着一条长蛇，单腿站在墨西哥的国花仙人掌之上，边缘则是用西班牙文书写的"墨西哥共和国"。花边鹰洋上的蛇尾与鹰翅相连，直边鹰洋的则不相连，这是二者的不同之处。钱币的背面是一顶软帽，帽檐上有西班牙文字"自由"，软帽放射出长短不一的光柱，象征着力量、忠诚、和平和自由。

鹰洋是由墨西哥发行的，钱币上的西班牙文字却告诉我们，西班牙和墨西哥之间有着千丝万缕的联系。即使在今天，墨西哥人依然在使用西班牙文字。那么，这两个国家之间在历史上有什么样的瓜葛呢？

大航海时代，欧洲人发现了美洲，并开始殖民。发现新大陆的哥伦布虽然出生在意大利的热那亚，是一个意大利人，却是在接受西班牙国王的命令和援助之后，才开始航行的。因此，美洲与欧洲之间建立起稳定的航线以后，西班牙成了最大的受益方。

公元1533年，随着美洲当时的土著国家印加帝国被皮萨罗所率领的西班牙殖民者所灭，西班牙人在美洲大陆站稳了脚跟，开始了他们的掠夺。为了加大对殖民地的控制力度，1535年，西班牙在美洲设立了第一个总督辖区——新西班牙总督区，其范围包括今天的墨西哥全境，美国中、西部大部分地区，中美洲，西印度群岛的西属殖民地，以及委内瑞拉与菲律宾（18世纪始划出）。西班牙人本来是为了黄金才来到美洲的，但是他们在墨西哥没有找到黄金，而是发现了海量的白银。

16世纪中叶，仅仅墨西哥一地生产的白银便占世界耗银总量的三分之一。面对如此庞大的白银资源，新西班牙总督安东尼奥·唐·门多萨下令在墨西哥城建造铸币厂，以便更好地利用掠夺来的白银资源。这些白银除了制造工艺品、装饰品之外，绝大多数都送到了造币厂用来打造钱币。在充足的白银资源的支撑下，这些打制出的西班牙银币成色极好，常常被用于各类国际贸易当中。

除了在欧美等地有着强大的影响力之外,西班牙银币在中国也深受欢迎。西班牙银币通过菲律宾进入中国之后,由于其成色好、含银量高,深受百姓的喜爱。很多中国商人专门从事西班牙银币进口的买卖,他们在拿到西班牙银币之后,将银币熔化,改铸为纯度较低的银两或者各类银器。历史总是惊人的相似,这又是劣币驱逐良币的一种体现。

到了16世纪末,西班牙银币已经从美洲流通到了亚洲、欧洲、非洲,成为真正意义上的全球货币,而西班牙成了全球经济时代第一个经济大国,也成了历史上第一个日不落帝国。

但是,如此规模的白银流入西班牙,也使得西班牙国内经济出现了很多问题。首先,因为白银资源过剩,西班牙增加了货币供应,导致国内出现了通货膨胀。其次,西班牙政府一夜暴富,暴发户心态显露无遗,王室挥霍无度,臣民也开始热衷于奢侈品消费。西班牙人都渴望到美洲去,实现暴富的人生目标,以至于举国上下竟然没有多少人关注国内的农业、商业和工业,这也为日后西班牙的没落埋下了伏笔。

西班牙由盛转衰的转折点就在公元1588年。这一年,西班牙无敌舰队远征英国,意欲继续扩大西班牙在世界的影响力。然而天公不作美,无敌舰队在战役中遭遇了风暴,船只受损,士气低迷,最终败给了英国。这一战,让世界知道了西班牙的无敌舰队并非无敌,它也会失败。英国、荷兰等新崛起的欧洲国家,开始重新审视西班牙的真正实力。在无敌舰队失败之后，西班牙对外的战争胜少败多，国力日趋下滑。最终，西班牙在与荷兰的唐斯海战中惨败，彻底失去了海上第一强国的地位。

在此后的很长一段时间里，西班牙再也无力和欧洲新崛起的各国争霸，只能蜷缩在一旁默默舔舐伤口。然而，那个时期的欧洲，处于一个充满着野性与征服的时代，无力征服，就只能被征服。公元1808年，法兰西第一帝国的征服者拿破仑带着他的大兵来到了西班牙，西班牙波旁王室被废黜。拿破仑将自己的兄长约瑟夫·波拿巴封为新的西班牙国王。

当拿破仑占领西班牙全境的消息传到美洲之后，长久被西班牙殖民的墨西哥人民看到了反抗的契机。公元1810年，墨西哥人民先后在伊达尔戈和莫雷洛斯的领导下，发动了反抗西班牙的殖民统治、要求民族独立的大规模起义。然而，反抗的道路充满了艰难险阻，正当起义如火如荼地进行之时，在大洋彼岸的欧洲，征服西班牙的拿破仑却经历了人生的滑铁卢。

西班牙的王室趁机复辟，国王费尔南多七世向墨西哥派出大量军队，去镇压起义的墨西哥人民。起义军内部的一些人也因为惧怕西班牙王室的镇压而选择了投降，墨西哥人民的起义受到了沉重的打击。幸运的是，经历拿破仑征服的西班牙内部并非铁板一块，波旁王室的复辟引发了国内资产阶级的不满，他们在1820年发动了民主起义，意欲推翻波旁王朝的统治。

面对这种内外交困的局面，费尔南多七世只得放弃对墨西哥地区的支援，命令军队回到国内保护自己的王位。这一次，墨西哥人民抓住了机会，一举推翻了殖民者的统治，成立了墨西哥共和国。

墨西哥独立之后，便发行了新的货币——鹰洋，这种货币与西班牙银币之间的关系可以称得上是同根同源。因为墨西哥本来就是西班牙的一个铸币中心，铸币技术基本一致。而且，新打造的墨西哥鹰洋与西班牙银币等值，质量也不输西班牙银币。可以说，墨西哥鹰洋完全继承了西班牙银币的优点。

不仅如此，墨西哥鹰洋还继承了西班牙银币在国际上的地位。西班牙银币的地位随着西班牙一起衰弱，最终被墨西哥鹰洋这一成色稳定、品相良好的新币所取代。到了20世纪初，墨西哥鹰洋在全球范围的发行数量一度达到30亿枚之多，占据了世界钱币的主导地位。

墨西哥鹰洋对中国的货币改革也产生了很大的影响。自1854年进入中国以来，墨西哥鹰洋因其质量上乘，影响力与日俱增，使得清政府不得不放弃传统的银两制度，改铸银元。但是，这依然没能动摇墨西哥鹰洋的地位。在1910年的一次统计调查中可以看到，当时在中国流通的外国银元有11亿枚，其中有三分之一是墨西哥鹰洋。正是由于鹰洋巨大的影响力，辛亥革命之后的中华民国也才确定了以银元为主币。这个银元就是以袁世凯头像为标志的民国银元，俗称"袁大头"。

我们可以看出墨西哥鹰洋是推动中国走向国际社会的一个重

要的货币工具。正是由于有鹰洋这一国际货币的存在，很多洋行、洋货市场才在中国立足，让中国人了解到世界的变化。同时，鹰洋也直接刺激了中国的货币改革；自此之后，中国传统的银两单位成为历史，一个新的时代就此到来。

第六章

近现代的货币新征程

中 国 篇

"袁大头"银币：北洋政权稳定的真正武器

自明嘉靖以来，大航海时代带来的全球贸易使得大量白银涌入我国。渐渐地，白银的货币属性越来越重要。到了清末，外国银元在流通领域的影响力与日俱增。为了应对困局，张之洞设置广东钱局，铸造背面有蟠龙图纹的光绪元宝，通称"龙洋"。其后，大清银币、宣统元宝等相继面世，但是这些钱币都没能结束混乱而烦琐的货币使用状况，直到一枚银币——"袁大头"出世。

"袁大头"的正式学名为袁世凯像背嘉禾银币，因为银币上有袁世凯头像，所以它俗称"袁大头"。"袁大头"正面主体部分为袁世凯穿军装的左侧免冠肖像，肖像上方铸有"中华民国××年"的字样；钱币背面主体为两株交叉的稻穗，稻穗中间铸有代表钱币币值的钱文，有"壹圆""中圆""贰角""壹角"等，后期发行的三种上方分别铸有"每二枚当一圆""每伍枚当一圆"和"每十枚当一圆"的字样。

"中圆"就是现在的五角。"袁大头"不同币值间的换算关系和现在的人民币一样为十进位制，即1元等于10角，1角等于10

分，1分等于10厘。

公元1914年2月7日，袁世凯以大总统令的形式公布了《国币条例》以及《国币条例施行细则》。其中的主要内容就是规定钱币的铸造发行权归民国政府所有。原先各个官局所铸造发行的1元银元，由民国政府进行统一兑换以及改铸。但在一定时期内，这些曾经流通的银元依然具备原有的价值。

《国币条例》颁布之后，天津造币厂第一个响应号召，开始铸造"袁大头"1元银元。不久，南京、广东、武昌等造币厂也看准时机，陆续加入这场铸造、发行"袁大头"的货币游戏。"袁大头"1元银元币型规整，图案新颖，有明确的重量和成色，且容易识别，很快就受到了社会的认可，逐步取代清朝的龙洋，成为国内金融市场流通领域的第一主角。

袁世凯作为近代史上无法回避的一个大人物，他的生命中经历了这样的几个重要时刻。

袁世凯出生于河南项城。1882年，24岁的他前往朝鲜，平定壬午事变。两年后，26岁的袁世凯粉碎了朝鲜反对派与日本共同密谋的甲申政变，使得清王朝与朝鲜的宗藩关系得到加强。也就在这一年，他成了清朝驻朝鲜国的最高执政官，左右朝鲜政局。

中日甲午战争之后，清王朝意识到原有的八旗、湘军、淮军等军队体系已经无助于维持统治，便开始编练新军。1895年，从朝鲜回来的袁世凯，来到天津咸水沽南约10千米的小站，开启了小站练兵。他聘用德国军官充任教习，按照德国的营制、操典进行训练。赫赫有名的《简明军律二十条》就是他亲自制定的。

这些接受了西式培训的新军，在接下来风起云涌的时代掀起了一股股大浪。后来的北洋军阀力量即由此滥觞。

接下来，在维新变法中，他投靠"老佛爷"，致使光绪被困、康梁逃亡，戊戌六君子血洒菜市口。通过这次不光彩的行为，他一飞冲天，当上了直隶总督兼北洋大臣。从此，清王朝的政治版图中又出现了一根无法忽视的擎天白玉柱。

当然，人生从来不会一帆风顺。随着摄政王载沣的掌权，袁世凯被迫回家钓鱼，并写下了"散发天涯从此去，烟蓑雨笠一渔舟"的诗句。不久，辛亥革命爆发，为了实现政治野心，袁世凯再次出山，溥仪这个末代皇帝被迫退位，中华大地就此结束帝制时代。

但不久，袁世凯就走上了一条不归之路——称帝。这场闹剧仅仅持续了83天，便匆匆结束。几个月后，身心俱疲的袁世凯在尿毒症和心理压力的双重折磨下死去。

他的遗书是这样写的："恨只恨我，读书时少，历事时多。今万方有事，皆由我起。帝制之误，苦我生灵，劳我将士，群情惶惑，商业凋零，如此结果，咎由自取。误我事小，误国事大，摸我心口，痛兮愧兮！"

通过袁世凯一生的几个重要时刻，我们已经了解了袁世凯个人，接下来就要放大到当时的社会经济生活。这个话题很宏大，我选择了一个小切口——经济法制体系，希望能带领你以小见大，由点到面。

民国初年是中国法律近代化进程中的重要阶段，正是在这个短暂的时期，一个相对完整而科学的经济法制体系逐步建立起来了。这为当时社会经济生活的发展提供了一定的法律保障，同时还为后来南京国民政府大规模开展法制建设积累了经验和教训。可以说，如果我们要谈中国法律近代化的过程，民国初年这段时期绝对是绕不开的。而袁世凯作为当时的头号人物，这一次法制建设当然少不了他的身影。

辛亥革命后，发展工商业以及振兴社会经济就成了政府的当务之急，袁世凯提出了"民国成立，宜以实业为先务"的口号。公元1912年9月25日，袁世凯同孙中山、黄兴等人进行了会谈，会后公开发表了八大政纲，以支持商业发展。

他还先后邀请了民族资本家周学熙、张謇等人入阁，制定了一系列有利于发展工商业的法律法规和相关政策，比如《公司条例》《商人通例》等。其中《公司条例》规定了公司的性质、组织形式、设立条件等。《商人通例》则基本囊括了一切商业主体，最重要的是确定了商人的法律地位，这也打破了传统中国一以贯之的对商人的歧视，可谓意义重大。

这些商业政策是值得肯定的。有数据表明，1912年经政府注册的公司有14家，1913年为25家，1914年有89家。到了1915年，这个数字已经增加到了102家。实际数量应该比统计数据更多，因为当时的注册制度没有完全普及，部分企业还没有完成注册。

除了商业，袁世凯在发展农业经济方面也有一些措施。1913年3月3日、6日，袁世凯政府农商部先后公布《边荒承垦条例》《国有荒地承垦条例》，规定凡江海山林新增及废旧无主未经开垦的荒地，除政府特殊使用的，都允许人们自行开垦。若能提前完成开垦，还可以获得降低地价的奖励。

袁世凯在商业、农业两方面制定的经济法规不仅改善了当时的经济法制体系，还促进了民国初年经济的发展。而这一切，都进一步巩固了"袁大头"银币在金融市场流通领域第一主角的地位。

"袁大头"银币在钱币收藏界更被称为银元之宝。可以毫不客气地讲，它是中国近千种近代银币中流传最广、影响最大的银元品种。作为近代中国币制变革中的一个重要角色，"袁大头"银币的通行促进了银元的统一，并且为"废两改元"提供了充足的条件。如果你想了解中国钱币史，它是无法忽视的主角之一。

工字银元：土地革命时期的铸币与经济

中华民国的成立意味着中国历时2000多年的封建王朝彻底成为历史，中国进入了一个新的时代。中国的货币界也随着时代的变迁而发生了巨大的变化，"袁大头"银币的发行，使得中国的通宝钱制退出了历史舞台。银元，这一从外国流入的货币制度，成了中国经济的新主角。在银元为主流的时代，中国共产党也发行了一种银质货币——工字银元。

工字银元发行于1928年，是由井冈山上井造币厂所造。因为银元上面刻着一个"工"字而得名"工字银元"，这个"工"字正是象征着我们自己的工农政权。银元的正面铸有一只展翅的雄鹰图案，这只雄鹰叼着一条长蛇，单腿站在仙人掌之上，银币的背面铸有一顶软帽图案，上面用西班牙文写着"自由"二字。看到这儿，大家是不是觉得银元上的图文很熟悉？没错，这正是我们之前讲过的墨西哥鹰洋上的图案。工字银元实际上就是以墨西哥鹰洋为蓝本打造的，二者之间的不同就在于钱币上有没有"工"字。

当时的中国共产党为什么会选择以鹰洋为蓝本来打造工字银元呢？这就需要我们来梳理一下这两种钱币的关系。墨西哥鹰洋是在公元1854年进入中国的，那时候的中国还处在清政府的统治之下，但是由于西方列强的侵略，清政府对中国的部分地区和城市逐渐失去控制力。随着通商口岸的开放，一些洋货以及当时的国际货币墨西哥鹰洋进入了中国。

墨西哥鹰洋质量上乘，所以很快便在中国流通开来，并受到了百姓的广泛喜爱，甚至在清政府统治薄弱的南方地区直接成了民众使用的主币。清朝政府见到这种情况，也不得不做出改革，顺应时代潮流，发行自己的银元。但是，无论是清朝政府发行的大清银币，还是后来北洋政府发行的"袁大头"银币，都没能撼动墨西哥鹰洋的地位，毕竟在墨西哥鹰洋的背后，有着墨西哥这个"白银窝"。

在民国时期，军阀之间常年混战，不仅威胁着百姓的正常生活，更是直接摧毁了中国的经济。这些军阀凭借着手中的武力割据一方。打仗打的就是钱，他们要自己出钱养着手下的兵。一来二去，军阀手中的钱也开始捉襟见肘，于是他们开始自己发行私铸币，充实自己的经济实力。

然而这些私铸币的质量良莠不齐，它们的出现实质上是军阀对百姓的掠夺。所以，在很多地区，军阀发行的货币根本得不到百姓的认可，反而是来自墨西哥的鹰洋，愈发受到公众的欢迎。这也是工字银元选择以鹰洋为蓝本的主要原因。

当然，工字银元的发行也不是一帆风顺的，毕竟当时的中国共产党还在进行着革命斗争。在历史课本上，我们就知道第一次国共合作以国民党的背叛而告终。国民党发动四一二反革命政变，大肆捕杀共产党人士。这也让共产党人意识到只有拥有自己的武装力量才能取得革命的胜利。

因此，中国共产党建立了井冈山革命根据地。1928年4月下旬，毛泽东率领的秋收起义部队与朱德、陈毅领导的部队在井冈山胜利会师，两军合编为工农革命军第四军，壮大了革命武装力量。虽然人数的增长大大增强了井冈山地区的革命力量，但是同时也给我们的革命队伍带来了新的难题，这就是经济问题。

井冈山地区位于江西的一个农村。在那个年代，农村地区的经济状态大多是自给自足，勉强能够养活生活在这里的人。井冈山会师给整个井冈山地区带来了上万的脱产人员，显然超出了当地的经济承受能力。同时，在外部，国民党进行经济封锁，意欲困死井冈山革命根据地。

在困难的时候，我们的革命队伍只能靠红米饭、南瓜汤果腹。现在，我们食用的红米是营养价值很高的一种米，因为经过了精细加工，口感也不错。但是，在那个革命年代，红米是富人眼中的次等粮，因为当时的加工条件比较差，加工出来的红米极为粗糙，很难吞咽，只有贫苦农民才吃。

为了解决革命队伍的经济难题，1928年5月，中国共产党在井冈山上井村创办了第一个红色造币厂——上井红军造币厂，用来铸造深受百姓认可的"花边鹰洋"。最开始的造币厂，就在村中的民房里，铸币的原材料也是打土豪或战场上缴获的首饰和银器具等，可以说条件非常简陋。

为了保证鹰洋的顺利发行，上井红军造币厂还请了拥有造币经验的谢火龙、谢官龙兄弟当师傅。上井红军造币厂铸造出来的鹰洋虽说与墨西哥鹰洋有几分差距，但是相比于私铸币，质量已经非常好了。而且，为了与各地军阀遗留下来的银元相区别，上井红军造币厂还在铸好的银元上打上了"工"字，代表着"工农苏维埃"。这是中国共产党领导下的红色政权发行流通的第一批金属铸币。

然而，等到工字银元真正进入流通市场，却没人敢用。这是因为工字银元虽然是由纯银铸造的，但是铸币技术略显粗糙，而且"工"字所代表的"工农苏维埃"对于普通群众来讲还是一个比较陌生的存在，所以大家都持观望态度。后来经过革命队伍的一系列宣传，老百姓才知道这种货币是井冈山的红军铸造发行的，而且是用纯银打造的，工字银元这才得到了广大群众的普遍认可。

井冈山附近的一些商号也为工字银元的流通贡献了很大的力量。当时，由于军阀发行货币的混乱，很多商号都受到了劣质货币的影响。为了保证自己商号的正常运转，一些商人想出了一个办法，他们在自己商号所认可的货币上打一个戳，代表着这种钱可以在商号正常使用，那些劣质钱币自然就被商号排除在外。

时间一久，那些带有商号戳记的货币在商人和百姓看来，就代表着这个商号的信誉。而能得到大商号认可的货币，百姓自然也会认可。工字银元由于其纯银的材质，自然得到井冈山附近商号的认可。经过他们的打戳传播，市面上流通的工字银元越来越多，这也就代表着工字银元越来越被市场所接受。

这种情况自然不是国民党所希望看到的。他们一方面对井冈山根据地进行军事"围剿"，一方面加紧对井冈山地区的经济封锁。在国民党的封锁下，当地的农副产品、土特产品都卖不出去，必需的食盐、布匹、西药等物资也运不进来，直接影响了群众和红军的生活。面对这种情况，根据地只能利用私人资本与一些商号合作，同时还秘密派人到国民党统治区开设商店，以缓解根据地的物资紧张。

见到井冈山根据地没有被经济封锁困死，国民党方面又生一计。他们指使在井冈山地区的土豪劣绅将铸造材料由纯银换成了红铜镀银，铸造假的工字银元。当这批工字银元流入市场之后，那些长期与根据地贸易的商人自觉受骗，纷纷拒绝用工字银元进行交易。为此，我们的革命队伍见招拆招，组建了假币侦破组，一举端掉了国民党安插在革命红区的假币制造窝点，堵死了假币制造的源头，稳定了工字银元的流通秩序。

经济层面的斗争，最终以国民党的失败而告终。1929年1月，国民党军第三次"围剿"井冈山。在这次战争中，国民党凭借兵力的优势，攻占了井冈山，上井红军造币厂的厂房被国民党烧毁，造币设备也被毁坏。上井红军造币厂自此退出货币史的舞台。

井冈山上井红军造币厂的建立和工字银元的发行流通，极大地从经济层面帮助井冈山革命根据地度过了那段艰难的岁月。同时，工字银元的铸行也为此后的湘赣革命根据地造币厂、中央苏区造币厂积累了经验，奠定了基础。它在中国革命政权的货币发展史上留下了厚重的一笔。

新疆60亿元纸币：近代史上最严重的通货膨胀

新疆60亿元纸币发行于1949年5月10日，由中华民国国民政府的新疆省银行发行，是中国历史上面额最大的纸币。纸币的正上方印有"新疆省银行"五个字，左边是孙中山的头像，右边是"陆拾亿圆"字样。比较特殊的一点是纸币的下方还有"折合金圆券壹萬圆"一行大字。注意，当时的新疆是"省"而不是现在的"自治区"。你可能被60亿这个数字吓到了，但是不要在意。数字再大也只是一个数字，真正让纸币发挥作用的永远是它的价值。纸币下方的"折合金圆券壹萬圆"这八个字就决定了它的价值。

一万金元券，相当于百分之一块银元。根据推算，当时上海一石米的价格是4.4亿元金元券，因此一枚60亿元纸币大概只能买到88粒米或者一盒火柴，实在是令人惊叹。为什么会出现如此强烈的对比呢？这就需要我们拨开历史的云雾，看一看当时的具体情况。

民国时期，新疆这片古西域地区是除了南京国民政府之外，少有的具备自主铸币权的地区。

民国初期，新疆藩库发行官票，面额400文。1928年，统治新疆达17年的杨增新，被军务厅长及外交署长樊耀南刺杀。不久，手握兵权的金树仁出兵讨伐樊耀南并获胜。金树仁上台后，重新发行银票。1933年，盛世才当了新疆的统治者。

为了巩固自己的政治地位，盛世才在和苏联保持密切联系的同时，还向共产党发出了邀请。他利用周恩来赴莫斯科经过新疆的机会，请求中共中央同意，把中共党员请到新疆来参与政事管理。中共中央为了打通国际路线，获取苏联的援助，答应了盛世才的请求。

1937年4月，陈云担任中国共产党驻新疆第一任代表，负责对盛世才的统战工作，这标志着中国共产党和盛世才统一战线的建立。1938年，共产党员林基路兼任新疆学院教务长。

1938年年初，中共中央派毛泽民到新疆工作，他先后任省财政厅厅长、民政厅代理厅长，对新疆地区的政治、经济、文化事业的进步和发展都做出了重大的贡献。他把新疆省银行改组为新疆商业银行，改革币制。

1941年秋，盛世才转而投靠蒋介石，并于1943年杀害了陈潭秋、毛泽民等共产党人。毛泽民的牺牲标志着他在新疆进行的币制改革失败。此后，新疆的货币发行权在国民党的干预下，越来越乱，慢慢走向失控。另一方面，当包括陶峙岳兵团在内的三个师全部进入迪化（今乌鲁木齐市）之后，盛世才的权力受到了极大的挑战。为了维护自己的统治，盛世才决定先下手为强。

1944年8月11日，盛世才逮捕了国民党新疆省党部书记黄如今、建设厅厅长林继庸等人。一时间，整个新疆风声鹤唳，草木皆兵。为了寻找退路，盛世才再次寻求苏联的帮助，但遭到了斯大林的拒绝。

1948年，随着国民党的军事战败以及经济失调，物价暴涨、货币贬值已经成了可以预见的现实。困兽犹斗，人称"新疆王"的盛世才也做出了最后一搏。他将新疆商业银行再次改组为新疆省银行，发行钞票。钞票面值越印越大，由最小面额1分到突破天际的6亿元、30亿元纷纷涌现。

1949年5月10日，中国货币史上面额最大的60亿元纸币横空出世。这张60亿元面额的钞票在20天的时间内共印制发行了480万张，总金额高达2.88亿亿元。真是空前绝后。

总之，在几十年前国民党统治时期，这张60亿元面值的纸币所具有的价值就是88粒米或者一盒火柴。

一些有识之士开始迎接改革。他们通过币制改革拒绝使用金元券，在经济上与国民党中央政府切断联系。

1949年5月20日，新疆省政府正式宣布实行币制改革，恢复了银元本位制。省内自铸银元，还发行与银元等值的银元票，规定银元票可以十足兑现。同年7月1日，又规定以银元票1元折合省币6000亿元的比价收回省币。

但银元票的发行并不能挽回新疆的经济形势。由于物资极端匮乏，财政赤字过于庞大，以及银元储备不足，十足兑现的承诺根本无法实现。因此，最后只能采取部分地区兑换，其他地区停兑的方法。比如在迪化地区进行限制兑换,但这又造成了银元票的迅速贬值。到新疆解放前夕,刚刚发行五个月的银元票与银元的兑换比例已经从最开始规定的一比一到了九比一。

其后,新疆省政府还采取了允许天罡恢复流通,发行期票、省币等措施,但这一切都没有挽回困局。天罡是指清末民初新疆铸造的以"两"为计算单位的银币,它已经退出流通领域很多年了。1949年10月,以屈武为团长的新疆各族各界欢迎人民解放军入疆代表团至酒泉,迎接解放军入疆。

新疆和平解放后,中国共产党和政府没有立即用人民币替代当地货币,但是新疆的经济必须得到改善,市场也需要开发。为此,中国共产党根据当时的具体情况,由各族各界协商后,于1950年2月决定保留银元票为新疆合法的临时流通货币,并采取了以下措施。

第一,承认银元票已经贬值的事实,割断银元票与银元的直接联系,停止兑现。

第二,以银元票统一新疆的货币。规定原三区流通的"三区期票"以1250元折银元票1元的比例在全疆范围内流通。期票停止发行,由银行陆续收回。不久,又限期于1950年12月31日停止期票的流通。至此,中国共产党完成了银元票在新疆境内币制统一的任务。

第三,有意识地提高银元票对人民币的汇率。根据当时几种主要物价计算,银元票1元相当于人民币300多元。最终汇率定为1∶500,用来促进内地物资输入新疆。这实质上是以全国的财力、物力维持银元票币值的稳定，从而促进新疆经济的恢复。

第四，在新疆经济逐步恢复，金融物价日趋稳定的条件下，逐步调整银元票与人民币的汇率，使之更加合乎经济规律。

新疆解放后两年多的时间里，经济逐步恢复，金融物价日趋稳定。而这也意味着全国币制统一的条件正式成熟。根据政务院命令，新疆省人民政府于1951年10月1日发出公告，在新疆发行印有维吾尔文的人民币。以银元票1元折人民币360元的比价收回银元票，收兑期为三个月。1951年年底，人民币成为新疆流通领域内的唯一货币。

尽管60亿元纸币流通时间很短，但这并不影响它在我们记忆中的地位。某种程度上，它就跟康定斯基即兴创作的抽象画一样，虽然你很难看懂，但只要看过一次，就很难忘记。

第一套人民币：新中国的信用与人民的名义

中国共产党发行的工字银元帮助工农红军度过了一段艰难的革命岁月。时光荏苒，转眼间20年过去，曾经占据大半个中国的日本侵略者已经被赶跑。中国共产党在这些年经历了二万五千里长征，经历了第二次国共合作，随着辽沈、淮海、平津三大战役的相继展开，人民解放军距离解放全中国的目标已经近在咫尺。也正是这个时候，中国的货币开始了巨大的变革——第一套人民币正式发行流通。

第一套人民币发行于1948年12月1日，是由新成立的中国人民银行印制发行的。钱币的面额有1元、5元、10元、20元、50元、100元、200元、500元、1000元、5000元、10000元、50000元，共计12种。钱币的版别复杂多样，共有62种之多。虽然每一个版别的主体图案都有所不同，但是第一套人民币的图文都遵循着一个规则，那就是用精致的画框装点主景图案，钱币四角有典雅的装饰角花和花球，整张钱币构图均衡，色彩柔和，具有明显的古典主义美术风格。

正是因为如此，第一套人民币中有很多值得收藏的珍品，比如"绝品四珍""十二珍品"等，都是享誉钱币界、收藏界的珍品。第一套人民币虽然精美，但流通时间相对比较短，发行数量也比较少。为什么这么精美的货币，流通时间却不长呢？

这就需要我们从历史中寻找原因了。第一套人民币发行的时候，三大战役中的辽沈战役已经结束，淮海战役正在进行，平津战役才刚刚开始，第一套人民币本质上是一套战时货币，是为了应付战争需要和稳定经济而发行的，这也就注定了它流通的时间不会太久。

当然，这并不是说第一套人民币的作用只局限于解放战争时期。事实上，第一套人民币的发行在整个中国货币史上有着划时代的意义。在抗日战争时期，中国共产党虽然有很多的革命根据地，但是大多被日军分割封锁，各个根据地之间虽然在战略目标上是统一的，但在经济层面上却保持着相当程度的自治。如此一来，各根据地发行的货币自然是五花八门。

同时，那个时期的国民党政府，经济方面也不景气。在货币方面，他们先后发行了法币、金元券等，但是这些货币面世没多久就相继遭到了贬值。而老百姓正是这些五花八门的货币的直接受害者，天下百姓苦"钱"久矣。所以，在抗日战争胜利之后，中国共产党便开始有意识地去统一解放区的货币。

然而，货币的统一工作刚刚开始，国民党便向解放区发动了全面内战。内战初期，国民党凭借军队数量和装备上的优势，相继占领解放区很多土地，货币的统一工作也不得不中止。这种情况一直持续到1947年，人民解放军取得了孟良崮战役的胜利，接着刘伯承、邓小平率领中原野战军千里跃进大别山，揭开了解放军战略进攻的序幕。

随着解放战争接连不断地告捷，各解放区覆盖的范围越来越大，最终连成了一片。这个时候，各解放区之间的经济交流、贸易联系也变得越来越频繁。但是，解放区流通的依旧是抗日战争时期发行的那些货币，币制不统一，货币之间的兑换比例也不固定，这不仅阻碍了各解放区之间的贸易往来，还给解放军的后勤补给造成了干扰。因此，货币的统一势在必行，曾经被搁置的货币统一计划再次启动。

1947年4月16日，中共中央正式发出关于成立华北财经办事处的通知，并任命董必武为主任。董必武是中国共产党的创始人之一，他对解放区的经济工作极为了解。华北财经办事处有五六十位工作人员，来自各个解放区，对解放区的经济、货币了如指掌，这也为货币统一工作的顺利开展提供了极大便利。

通过对解放区货币形势的分析，董必武认为，想要促进解放区货币的统一，首要工作便是把各解放区货币的兑换比例确定下来。百姓手里五花八门的货币，都是他们辛苦劳动换来的财产，如果兑换比例控制不当，百姓的财产就会受到损失，到时候货币统一的政策自然得不到百姓的支持。

为了尽快完成这项工作，董必武带领手下干部白天调研，晚上工作，最终调整出了一个各个解放区都能接受的货币兑换标准。之后，华北财经办事处成立了货币兑换所，用来兑换各个解放区之间不同的货币。货币兑换所不是银行，它只是按照一定的比例来对各个解放区的货币进行兑换，这为统一货币和建立银行打下了良好的基础。

一系列的准备工作完成之后，建立一个统一的银行也就提上了日程。1947年8月1日，董必武将筹建中央财政部及中央银行的计划上报中央，在获得批准之后，便开始筹办相关事宜。首先是确定银行的名字，董必武为此到解放区去征求大家意见，有人说应该叫"联合银行"，也有人说应该叫"解放银行"，也有人提议叫"中国人民银行"。

最后董必武选用了"中国人民银行"这个名字。他说："我们的中央银行，是人民所需求的，是为人民而办，用'人民'二字既可以表明银行的性质，也可以跟国民党办的银行区分开来，而且'人民'二字还与解放区的人民政府相合。"这一名称同时也得到了毛泽东、周恩来等领导人的认可，这就是今天中国人民银行名字的由来。

中国人民银行行名的确定，也为即将发行的货币定下了名字，它就叫人民币。但是要发行人民币，还有很多问题需要解决。毕竟发行统一货币，就要印钞票。印钞票先得有印钞票的纸，要用什么样的纸呢？到哪里去买呢？印制钞票的机器怎么解决呢？印刷的油墨哪里来呢？人民币上的设计、防伪又怎么做呢？

针对这些问题，董必武在向中央汇报时逐一做出了说明。首先是印钞票的纸，这些纸是经过东北从苏联远东地区购买的。印钞票的彩色油墨很难解决，因此，由苏联远东地区提供机器在哈尔滨代印……在汇报的最后，董必武还明确提到，这次发行的货币不能作为永久货币，只能当作一种战时货币来使用。因为这是在战争时期，本位值不能确定，货币的面额也太大，这些都不符合永久通用货币的特性。

当时的国际惯例是将国家元首的头像设计到货币上，所以刚开始在人民币的票样上，设计的是毛泽东主席的头像。但是，毛主席知道这个消息之后说："人民币是属于国家的，是政府发行的，我现在是党的主席，不是政府主席，怎么能把我的头像印上呢？"于是，人民币上的图案就改成了跟人民生活、经济建设相关的图案，例如农耕、交通、工厂、矿山等。

人民币上的行名和面额汉字，是由一直主持货币统一工作的董必武同志亲自书写的。董必武是党内有名的书法家，他深知这几个字的分量，于是特地沐浴更衣，怀着无比庄重和虔诚的心情，工工整整地写了"中国人民银行"六个大字。不过，需要我们注意的是，只有第一套人民币上的"中国人民银行"几个字是由董必武先生书写的，第二套及以后各套人民币上面的"中国人民银行"几个字是由马文蔚先生书写的。

1948年12月1日，中国人民银行在河北石家庄的"小灰楼"正式宣告成立。这一天，中国人民银行发行了50元、20元、10元三种钞票，中国的货币以崭新的姿态再度走进了大街小巷，来到百姓的手中。当崭新的人民币被送到毛主席手中时，他兴奋地说，人民有了自己的武装，有了自己的政权，现在又有了自己的银行和货币，这才是真正的人民当家做主！

世界篇

法郎：一枚名为"自由"的钱币

提起法国，你第一时间会想到什么呢？时尚？浪漫？优雅？但这可能只是表象，法兰西崇尚的也许是另外三个词：自由、平等、博爱。你看，法国国旗三色旗代表的正是这三个词汇。接下来，我们就来看一看代表自由的法国货币——法郎。

法郎诞生于1360年12月5日。英法百年战争期间，1356年，绰号"好人"的法兰西国王约翰二世在普瓦提埃之战中被英格兰"黑太子"爱德华俘虏。由于欧洲各国之间复杂的亲缘关系，爱德华与法国签订了天价的赎金条约之后，把约翰二世放回国。获得自由的约翰二世铸造了含金量为3.88克的硬币来纪念这个事件。硬币正面是约翰二世身披铠甲、手执利剑的英雄形象，意思就是说国王获得了自由，返回了法国。

根据国王的旨意，这种新钱币就以"自由"命名。"自由"一词的法文是Franc，音译为中文便是"法郎"。15世纪中叶，查理七世废法郎，恢复了金路易。文艺复兴时期，金路易又被代斯顿取代。

1803年4月，拿破仑颁布法令，进行币制改革，铸造金、银两种材质的法郎，实行金银复本位制。随着法兰西经济实力的增强，法郎一跃成为当时欧洲最坚挺的货币，并逐步形成了一个以法国为中心，包括意大利、瑞士、比利时的法郎区。1865年，拉丁货币同盟成立，实施基于法国体系的金银复本位货币制度。

　　随着第一次世界大战爆发，曾经稳定欧洲几十年之久的拉丁货币联盟宣告解体。失去了伙伴的法郎艰难独行，1928年6月，法国制定新的货币法，正式实行金块本位制，但这造成了法郎的贬值。1936年，法国不得不放弃金块本位制。次年6月法国取消法郎含金量，法郎成为不能兑现的纸币。

　　第二次世界大战之后，命运多舛的法郎多次贬值，贬值幅度最高达90%。1959年，戴高乐总统当政后，为了应对法郎的不断贬值，决定推出新法郎。1960年1月1日，法国实行货币改革，发行新法郎，1新法郎等于100旧法郎。

　　但即使如此，仍然没能阻止法郎在命运的洪流中继续贬值。1969年8月，法郎贬值11.11%。1971年8月，法国建立双重外汇市场，将法郎汇率分为贸易法郎和金融法郎。1972年4月，法郎参加西欧的"蛇形浮动"，并于次年3月参加西欧联合浮动。20世纪80年代以后，法郎汇率才趋于稳定。直到2002年1月1日欧元正式被启用，法郎才逐渐退出历史舞台，于7月1日停止流通。

　　讲法郎几百年的兴亡史，不得不提到新法郎的发行者戴高乐。戴高乐在第一次世界大战中受过三次伤，在第三次受伤的时候被德军发现，开始了32个月的俘虏生涯。

诞生。欧洲共同体成员国的货币都与埃居挂钩，通过埃居使成员国的货币确定双边固定汇率。这是欧洲在欧元诞生之前的一次经济实验，它稳定了欧洲共同体各成员国货币间的汇率机制，使得各成员国的货币都只能在一定的汇率范围内浮动。其中，埃居起重要的计价作用。从某种程度上讲，它像真正的货币一样交易了一段时间，一些欧洲政府甚至发行了以埃居为标价的债务工具。

然而，这个实验中的汇率机制引发了两场惊人的货币危机。

第一场是1992年的英镑危机。1990年10月，英国加入了欧洲货币体系，此举在稳定了英镑汇率的同时，也使英国在一定程度上丧失了货币政策的自主权，为后来的英镑危机埋下了隐患。就在英国加入欧洲货币体系的同一年，民主德国与联邦德国统一，之后德国出现了财政赤字。德国为避免通货膨胀及其带来的一系列弊端，逐步提高马克的利率，在1992年7月引发外汇市场抢购马克的风潮，英镑随之大跌。1992年9月15日清晨，英格兰银行宣布将短期利率从10%提高到12%，几小时之后又宣布再次提高3个百分点，提高到15%。这些举措是为了维持英镑的稳定，但最终以失败告终。1992年9月16日，英镑大幅度贬值，被迫于当天晚上退出了欧洲货币体系。

11个月之后，也就是1993年8月，第二场汇率机制危机发生。这场危机的主要目标是法国的法郎和意大利的里拉。这一次，欧洲货币体系被迫扩大了汇率浮动区间，这一举措几乎将汇率机制变为浮动汇率制。即便如此，很多欧洲国家的货币还将近三年的牢狱生活并没有压垮他，反而使他犹如尚未开封的宝剑遇到了磨刀石，越磨越亮，剑气直冲云霄。1933 年 5 月 10 日，戴高乐在一本名叫《政治与议会评论》的杂志上发表了一篇文章，题目为《建立职业军队》。

一年后，戴高乐出版了一本同名军事著作，这篇文章也被收录了进去，书的定价仅为 15 法郎。在这本书中，戴高乐从六个方面论述了建立一支现代机械化部队的重要性。他认为：英国和美国有海洋作为屏障，敌人难以进攻；德国的权力中心和工业中心十分分散，不易一举摧毁；西班牙有比利牛斯山作为屏障；意大利有阿尔卑斯山的保护；而法国四周几乎一马平川，缺乏天然的保护屏障，尤其是首都巴黎，对任何来犯之敌都相当于嘴边的肥肉。

一旦爆发战争，法国要想御敌于国门之外，单纯依靠已有的防线基本无济于事，唯有由专业军人组成机械化部队，在航空兵的支援下实施机动作战，以攻代守，才能有效御敌。为此，戴高乐主张建立一支由 10 万名职业军人组成的机械化部队，组建 6 个机动装甲师。这支由精兵和专业人员组成的部队，具有极大的机动能力、毁灭性火力以及以突袭方式投入任何战线的能力。戴高乐认为这将是保卫法国的一柄利剑。

可是法军高层却对此无动于衷，戴高乐竭力地游说，四处奔走，终究没能获得认可。但神剑既出，总会引起重视。敏锐的德国人发现了这本书的真正价值，在一本名为《论机械化战争》的机密手册中引用了这本书的内容。德国三大名将之一的古德里安也深受这本书的影响。

古德里安在戴高乐思想的影响下，创造出独属于自己的装甲师编制和坦克战术，从而在第二次世界大战中出名。1940年5月10日，古德里安的第19装甲军突击阿登山区，12日抵达马斯河，13日强渡马斯河。之后，这支部队以每昼夜行军20至40千米的速度在法兰西的国土上驰骋。20日，部队抵达英吉利海峡，整个法国被一分为二。

面对德军的闪电战，法国束手无策。一个月后，号称拥有世界上最强大陆军的法国俯首称臣。德军占领法国之后，古德里安问一个法国记者："我的那位伟大的法国同行最近在战术上又有什么新进展呢？"这位记者一片茫然。因为他从来没有听说过戴高乐这个名字，更别说他的书了。

"德国人赢得战争只花了15法郎——戴高乐那本书的售价。"这是法国作家博那尔在《夏尔·戴高乐》一书中，引用的一位法国人对德国人讲的一句话。虽然有夸张、虚构的成分，但大方向没有错。

1940年6月，戴高乐在丘吉尔的支持下在伦敦发表《告法国人民书》，向法国人民和全世界宣布："法国的事业没有失败……法国人不是在孤独地战斗！不是没有援助！……无论发生什么事，法兰西的抵抗之火不能熄灭，也决不会熄灭！""自由法国"运动就此拉开帷幕。

四年之后，戴高乐成为法国临时政府首脑，并率领"自由法国"的部队随同盟军向巴黎挺进。1944年8月26日，戴高乐走到凯旋门时，受到了法国人民热烈的欢迎。星形广场和香榭丽舍大街人山人海。1946年1月20日，戴高乐主动辞职。

听到这，你可能会疑惑前面不是说过法郎的兴衰史吗？不是说在1960年，身为总统的戴高乐为了应对法郎的贬值，推出了新法郎吗？如果他此时辞职，推出新法郎的总统又是谁呢？难道是同名不同人吗？其实这两个戴高乐是同一个人。

从法国临时政府辞去职务后，戴高乐于1947年至1952年领导"法兰西人民联盟"，1953年停止政治活动。1958年6月在法国陷入危机的紧急时刻，出任法兰西第四共和国末任总理，并于9月通过新宪法，第四共和国结束。12月21日，戴高乐当选为法兰西第五共和国总统，1959年1月8日宣布就职。

1969年，法国在实现了经济起飞的同时，偿还了全部的债务。这时的法国经济基本上控制在国家手中，每年有170家大企业在政府的组织下制定国家和企业的发展计划。而私人银行，包括后来迅速扩张的罗斯柴尔德银行规模还很小。可以说，这个时候是法国经济的黄金时代，其核心是国家掌控金融体制，主导经济发展。人民群众在这个时代算得上是翻身农奴把歌唱。

20世纪70年代初，法国进入黄金30年发展期的最后几年。当时的法国经济支柱是工业，因此国家也把投资重点放在工业领域和基础设施两方面，从而使得经济快速发展。与此同时，消费也促进了经济的发展。大量法国民众购买汽车、洗衣机、冰箱等耐用品，使法国国内的消费市场得到了开发。

到70年代末，法国面临着经济发展模式的选择：是注重"资本"还是注重"劳动"？戴高乐提出具有法国特色的"参与"原则，即由企业员工"入股"的方案，使资本与劳动、资方与劳方在企业利益上趋于一致。

法郎虽然已停止流通，但作为法国经济发展的见证者，它的存在与发展有着非凡的意义。

欧元：前途无量的货币联盟

拉丁货币同盟是欧洲最早的经济共同体，它在一定程度上推动了欧洲经济的发展以及欧洲各国的团结。但是，随着第一次世界大战的爆发，拉丁货币同盟遭到了毁灭性的打击，退出了历史舞台。在第二次世界大战之后，美国、苏联相继崛起，形成了美苏争霸的世界格局，欧洲国家自然是不甘心的，它们再度联合起来，建立了欧洲煤钢共同体、欧洲原子能共同体和欧洲经济共同体。1967年，这三个共同体统一起来，称为欧洲共同体。1991年，在欧洲共同体的基础上发展而成的欧洲联盟成立。本节我们就联系欧洲联盟的成立始末，来了解这种承载着欧洲联盟希望的货币——欧元。

欧元是欧洲联盟大多数成员国的官方货币和货币单位，是由位于德国法兰克福的欧洲中央银行统一发行的。截止到本书写作之时，欧洲中央银行一共发行过两版欧元纸币，第一版欧元纸币于2002年1月1日至2013年5月1日发行，面值有5欧元、10欧元、20欧元、50欧元、100欧元、200欧元、500欧元等七种。2013年

5月2日，欧盟推出了"欧罗巴"系列欧元纸币，取消了500欧元这一面值。目前，在欧元区，两版欧元纸币同时流通使用。两版欧元纸币上图案的主题都一样，都是欧洲各个时期的特色建筑，代表着欧洲建筑2000年来的演变。纸币正面的图案是不同风格的门廊与窗户，象征着欧盟的开放与合作；纸币背面是不同风格的桥梁，象征着欧洲人民与世界其他地区人民的交流。

欧元没有让在它身上寄予厚望的欧洲诸国失望。发行不到十年的时间，欧元在国际支付体系中所占的份额便达到了36%，成为仅次于美元的全球第二大流通货币和第二大储备货币，欧盟也凭借着欧元的国际地位在世界上掌握了更多的话语权。

在很多人看来，欧元的发展之路顺风顺水，似乎没做什么努力就成了世界第二。然而，事实上，欧元经历的困难远比我们想象得多。1944年，有44个国家的代表参加的布雷顿森林会议在美国召开，这场会议召开的目的便是确定一个国际货币的发展方向，以促进第二次世界大战后资本主义世界经济的恢复与发展。

英国经济学家凯恩斯在这场会议中提出了凯恩斯计划，这个计划又称"国际清算同盟计划"，是从英国的经济利益出发提出的，其主要内容是建立一个具有世界银行性质的"国际清算同盟"，在整个资本主义世界发行统一的跨主权货币，这便是欧元最早的思想理论指导。然而，这项计划遭到了美国的一票否决。美国提出了"怀特计划"，这个计划的主要内容就是建立一个以美元为中心的国际货币体系。最终，这次会议通过了美国的怀特计划，宣布成立国际复兴开发银行（世界银行的前身）和国际货币基金组织两大机构,确立了美元对国际货币体系的主导权。因为这次会议是在布雷顿森林举行的,所以这种体系也被称为"布雷顿森林体系"。

当然,对于美国的怀特计划,英国等欧洲国家自然是反对的,但是它们早就没了与美国对抗的资本。为什么会这样呢?是因为第二次世界大战。第二次世界大战的主战场在欧洲大陆,给欧洲经济带来了毁灭性的打击,这一点我们从法郎的贬值中便可以看出一二。美国也参与了第二次世界大战,但是美军要么是在太平洋战场,要么是在西欧战场,都是远离美国本土进行的战争,所以美国经济在这次战争中受到的影响是最小的。第二次世界大战结束后,美国甚至掌控了资本主义世界四分之三的黄金储备,这就直接使得美元的价值有了保障,成为世界金融市场上新的硬通货。

欧洲各国无论是在经济层面还是在军事层面,都无法与美国抗衡,只能任由美元成为主导世界经济的货币,整个欧洲经济发展的主权落在了美元和美国人手中。

这种情况一直持续到越南战争爆发。越南战争是美苏争霸时期发生在东南亚的一场大规模的局部战争,它爆发的原因是美国想要遏制共产主义在东南亚的发展。但是,令美国万万没想到的是,战争刚刚开始美军就陷入了泥潭之中。这场战争过后,美国非但没能完成自己原定的战略目标,反而是赔了夫人又折兵,不仅军队方面伤亡惨重,经济还出现了大幅度滑坡,政府财政出现了巨额赤字,美元的霸主地位岌岌可危。

这让蛰伏多年的欧洲人看到了机会。1969年3月，欧洲共同体的6个创始成员国——法国、意大利、荷兰、比利时、卢森堡、德国在荷兰海牙举行首脑会议，提出建立欧洲货币联盟的构想，并委托卢森堡首相皮埃尔·维尔纳就此提出具体计划。1971年3月，皮埃尔·维尔纳的"维尔纳计划"方案最终确立，欧洲人对于欧元的建设终于迈出了第一步。

然而，欧洲关于欧元的计划刚刚开始，美国便爆发了金融危机。受越南战争影响，美元爆发了一连串的信誉危机。各大资本纷纷抛售手中的美元，抢购黄金，使得美国黄金储备急剧减少。最终，美国无力履行用美元兑换黄金的义务，这也宣告了布雷顿森林体系的瓦解。

1973年10月，第四次中东战争爆发，交战的双方是以色列和阿拉伯国家。当时支持以色列的是美国和欧洲各国。为了打击对手以色列及支持以色列的国家，以阿拉伯国家为首的石油输出国组织宣布石油禁运，暂停出口，这直接导致原油价格从每桶不到3美元飙升到13美元以上。在布雷顿森林体系瓦解和原油危机的双重打击下，资本主义世界迎来了第二次世界大战之后最严重的一次经济危机。这直接使得欧洲共同体的维尔纳计划搁浅，欧元也不了了之。

1978年12月，在法国、德国的联合倡导下，欧洲共同体的8个成员国（法国、德国、意大利、比利时、丹麦、爱尔兰、卢森堡和荷兰）才通过了建设欧洲货币体系的决议。1979年3月，欧洲货币体系正式建立，欧洲货币单位"埃居"（ECU）随之是遭到了贬值。

1993年11月1日，欧洲共同体签署的《马斯特里赫特条约》即《欧洲联盟条约》正式生效，欧洲联盟这一国际组织正式诞生，欧洲货币一体化的进程随之加快。1995年12月15日，马德里首脑会议召开，这次会议确定将欧洲单一货币定名为欧元，取代埃居。1998年7月1日，欧洲中央银行成立，欧元的发行进入最后的筹备阶段。

1999年1月1日，欧元区（欧洲联盟成员中以欧元为其通用货币和唯一合法货币的国家组成的同盟）正式成立，欧元在欧元区范围内正式发行流通。经历重重磨难之后，欧元终于顺利地来到了这个世界。

欧元的磨难就此结束了吗？没有。在同一年的3月24日，以美国为首的北约发动的对南斯拉夫联盟共和国的科索沃战争在欧洲大陆打响。有人说，科索沃战争其实是美元对欧元的战争，这种说法并非没有道理。欧元作为欧洲联盟大多数成员国的官方货币，它的发行必然会吸引到无数的资本涌入欧洲。科索沃战争的爆发，让这些资本开始犹豫，它们开始考虑自己能否挺过这场战争。据外媒统计，在欧元发行之初，曾有高达数千亿的资本涌入欧洲；科索沃战争爆发之后，这些资本纷纷抽身，转投美元的怀抱。这场战争虽然没有让欧元伤筋动骨，却让它错失了一个飞速发展的机会，并且这个机会被送到了美元跟前，这就不得不让人思考美国在这场战争中扮演了什么样的角色。

如今，欧元这一具有独立性和法定货币地位的超国家性质的货币，已经历了23年的风风雨雨，从最初只用于金融交易的货币单位，到现在全球第二大货币，欧元这一路的发展虽然坎坷崎岖，但也硕果累累。毕竟，欧元是自罗马帝国以来欧洲货币改革最为重大的结果。它不仅仅使欧洲单一市场得以完善，推动了欧洲经济的发展，更是欧盟一体化进程中的重要组成部分。

同时，欧元还对世界的区域经济整合有着良好的示范作用。在欧元与欧洲一体化的影响下，世界经济区域化已经成为当今国际经济的潮流，除了欧盟之外，亚太经合组织、金砖国家、东盟等几十个区域性经济集团正在世界贸易中发挥着自己的作用。这种超越国界和民族经济疆界的新型组合方式，也为全球经济一体化绘出了新的蓝图。

英镑：第二次世界大战之后的降格

进入中世纪以后，欧洲经济面临着黄金不足的局面，为摆脱这种窘境，欧洲各国纷纷开始进行货币改革。公元7世纪，盎格鲁-撒克逊王国开始确立以半斯力克银币为主的货币价值体系。

8世纪晚期，盎格鲁-撒克逊王国的麦西亚王国对硬币进行改造，以求与查理大帝的德涅尔银币相统一。及至12世纪早期，英格兰王国的银便士逐渐被人称作英镑。但是，我们现代人所熟悉的英镑，也就是作为英国本位货币单位的英镑，源于成立于1694年的英格兰银行。

光荣革命后不久，英法九年战争拉开序幕。战争需要钱，而当时的英国王室囊中羞涩。一个为战争筹款的机构应运而生，这就是英格兰银行。短短11天，英格兰银行就筹措到了120万英镑，为战争提供了坚定的支持。

1694年，英格兰银行正式开始发行英镑纸币。一个被苹果砸了脑袋的"炼金术士"——牛顿成为英国皇家造币厂的厂长。"我，牛顿，作为皇家造币厂厂长，誓要恢复银币至高无上的地位。"

这是牛顿上任后说的第一句话。但熔化掉官方银币再私自生产劣质银币的现实，给了他当头一棒。于是，牛顿起草了《关于流通货币中金银价值的报告》，报告中将英镑与黄金挂钩，首次明确了金币本位货币的地位。政府采纳了牛顿的建议。

1816年，英国通过了《金本位制度法案》，从法律上承认了黄金作为货币的本位。1821年，英国正式启用金本位制，英镑成为英国的标准货币单位，每1英镑含7.32238克纯金。金本位的确立，标志着英镑开始走上世界舞台。

同时，大量的商品需求促进了生产技术的进步。工业革命让英国成为当时世界上无可争议的产业大国。利用自身首屈一指的工业优势，英国开始积极推进自由贸易政策，并逐步建立起自由主义的经济体系。英国率先取消贸易限制以拓宽国外市场，也就是用取消他国产品输入英国的限制，来换取别国取消对英国产品的限制。1844年，英国颁布了《英格兰银行条例》，该条例规定英格兰银行为唯一能够发行英镑的银行。1872年，英格兰银行开始为其他银行提供资金支持，从而维护英国经济的稳定。此时的英格兰银行已经发挥出中央银行的作用，有效地维护了英镑的霸主地位。英格兰银行是世界上第一家中央银行。

英镑在全世界的广泛应用，加上英镑同黄金汇率的稳定，让伦敦成为当时的世界金融中心和航运中心。凭借强大的经济、军事优势，英国帮助葡萄牙、德国、丹麦、瑞典、挪威、法国等国相继过渡到金本位制，从而促使国际金本位体系在19世纪70年代最终形成。世界货币正式进入英镑时代。1914年，第一次世界大战前夕,英国的海外投资曾高达40亿英镑,占西方国家总投资的一半。第一次世界大战的爆发导致金本位制度的崩溃,英镑走向了衰落。

1918年11月,第一次世界大战结束,作为主要参战国的英国损失重大,伤亡约80万人,军费开支近100亿英镑,国民财富损失了三分之一,对外贸易额由战前的40亿英镑跌落到13.16亿英镑,出口额仅为进口额的二分之一。

巨大的贸易逆差,迫使英国变卖了海外投资的四分之一,也就是10亿英镑去进行补偿。总之,这场战争使得英国变成了一个债务国,只能通过举借外债来解决财政困难和贸易逆差。战前美国欠英国国债约30亿美元,战后英国倒欠美国47亿美元。同时,英国内债因战争而直线上升,战前英国内债为6.45亿英镑,战后猛增到66亿英镑。在此背景之下,昔日的日不落帝国有了衰退之势,英镑的强势地位不可避免地出现了动摇。

同一时间,在大西洋的另一端,美国得到了发展的机会。大规模的战争采购极大地促进了美国的经济发展。到1929年,美国的工业产量至少占世界工业总产量的42.2%,这一产量大于所有欧洲国家的产量。可以说,世界经济因为第一次世界大战而完全改变,但是倔强的英国人不会轻言放弃。1925年,时任英国财政大臣的丘吉尔把英镑恢复到金本位制,但世界经济危机的到来使英国不得不放弃。

1931年9月21日,英国再次脱离金本位制,这标志着英镑世界货币的地位已经岌岌可危。丘吉尔在回忆录里写道:"我的一边坐着巨大的北极熊,另一边坐着巨大的北美野牛。中间坐着的是一头可怜的英国小毛驴。"

随着1944年布雷顿森林体系的建立,英镑作为世界货币的地位正式被美元所取代。第二次世界大战后,英镑逐步贬值。1949年9月,英国宣布英镑贬值30.5%,英镑兑美元汇率降到2.80美元;1967年11月,英镑再次贬值,兑美元汇率降至2.40美元,英镑含金量也降到2.13281克。

以上就是英镑的升起与坠落,但这几段叙述中缺少了一个重要角色,那就是两次世界大战的发动者——德国。可以说,英镑的坠落基本上是德国一手策划并导演的。

第二次世界大战时,德国、英国之间的战争非常惨烈,《至暗时刻》《敦刻尔克》等电影都是对这段时期的情况的艺术表现,但是德国对付英国的方式可不是仅仅有飞机大炮,经济方面的货币战争同样精彩纷呈。

1939年,德国有人提出大量伪造英镑和美元,以打击两国的经济。希勒特经过权衡,答应了仿造英镑的请求,因为当时德国和美国还有贸易上的往来,不适合鱼死网破。但仿制英镑并不容易,因为英镑上的不列颠女神图案以及水印等都是精心设计的,并在印钞专用的亚麻纸上用特殊工艺进行了叠加。

但英镑仿造最终成功。伪造计划提出者阿尔弗莱德·瑙约克斯费尽了九牛二虎之力,请来了德国最优秀的专家团队,经过无数次的试验,终于在1940年年末,成功制造出假英镑。

为了验证自己所制造的英镑是否能够以假乱真,德国人进行了一场堪比猫鼠游戏的精彩攻防战，一个德国特工拿着假钞来到瑞士银行，要求把这些英镑换成法郎。瑞士银行认为没有问题，打算为他兑付的时候，这名特工特意提醒银行的工作人员：这些钞票是通过特殊渠道获得的，有可能含有假钞，请务必检查清楚。

工作人员在经过更加细致的鉴定之后确认是真钞无疑，还对特工说如果感觉不放心，可以去英格兰银行接受检查。于是，特工又带着假钞来到英格兰银行，在专业的鉴定之下，工作人员只鉴定出了10%的假钞，并感谢了这位诚实的特工。

1942年，一位德国军官伯恩哈德建议用"犹太囚犯"来制造假钞，得到批准后，"伯恩哈德行动"就此展开。伯恩哈德从监狱中选出了100多个囚犯，开始生产假钞。这些囚犯的生活比普通囚犯要好得多，不仅可以吃饱，还可以不定时地抽烟。

德国制造的假钞分成四个等级：A是完美，B是接近完美，C是有瑕疵，D是不合格。有人说，德国的所有军事行动和日常花费都是来自伯恩哈德行动。这有点夸张，但在1945年，英国市场上流通的英镑有将近三分之一都是假钞。这在一定程度上使得英镑的信用濒临破产，贬值不可避免。英镑坠落，美元腾空，第二次世界大战致使全球格局出现了重大的变化，新的世界货币体系正在逐步形成。

如今，英镑早已没了世界货币的风采，但它的一涨一跌仍然影响着一些人的选择。这也许就是英镑的独特魅力，它值得被讲述，值得被铭记。

美元：从新面孔迅速成为国际货币

欧元是全球第二大货币，欧盟凭借着欧元的国际地位，在世界舞台上掌握了更多的话语权。还有一种货币是世界货币舞台上的后起之秀，却在短短的几十年间，跃升为最具影响力的大佬级别货币。它就是美元。

美元是美利坚合众国的法定货币，目前流通的美元纸币，是自1929年以来发行的各个版本的钞票。美元纸币的正面主景图案是人物头像，主色调是黑色；背面主景图案是建筑，主色调是绿色。比如，1976年的2美元纸币，正面是美国第三任总统托马斯·杰斐逊肖像，背面是独立宣言的签字会场，代表着美国作为一个独立国家的出现；1999年的10美元纸币，正面是美国第一任财政部部长亚历山大·汉密尔顿的肖像，背面是美国财政部的大楼。不同版别背景色略有差异，比如1934年版的美元的背面为深绿色，1950年版的背面为草绿色，1963年版的为墨绿色。

那么，作为一个成立不到300年的国家发行的货币，美元是如何从一个新面孔,发展为国际货币的呢?我们知道,独立战争后,美国经历了西进运动、南北战争、旧金山大地震等一系列的动荡,之后,财富大多流向了欧洲。这个时候,美国虽然已经是世界第一的工业强国,拥有强大的工业生产能力和丰富的资源,但它仍然是一个依赖外债的国家,因为缺少中央银行,纽约的银行家们很难集中调动全国的金融资源。

于是,在银行家和其他各界人士的共同推动下,1913年,《联邦储备法》通过。1914年,美联储,即美国的中央银行正式开始运作。同一年,萨拉热窝事件引发了第一次世界大战。起初,美国政府对战争采取中立的态度,但银行家们受不了,送到手上的钱,不能眼睁睁地看它溜走。于是,银行家提出了为协约国发售债券,提供担保,以便他们能够购买美国的物资。最终,单是英国的贷款总额,就达到了30亿美元,美国赚了个盆满钵满。

我们常说"战时黄金,和平古董",在战争时,国与国的交易方式是黄金,因为随着国家命运的不确定,货币的信用也就下降了,而黄金是最实在的。机会再次降临到了美国,第二次世界大战末期,意大利已经投降,德国在东线转为战略防御,日本已经失去了在太平洋地区进行大规模战役的能力,日本的国内经济接近崩溃;而英国、法国的经济实力,在战争中遭到严重破坏;苏联的状况也好不到哪去,第三个五年计划还没完成,就遭到了法西斯纳粹德国的侵略;只有美国在战争中发了财,经济得到了空前的发展。

黄金源源不断地流入美国,截至1941年,英国作为参战主力，累计向美国输入了20亿美元的黄金，动用了2.35亿美元的外汇储备，美国一跃成为世界第一大黄金储备国；1945年，美国国民生产总值占全部资本主义国家的国民生产总值的60%，美国的黄金储备在短短70年间，增加到了约占世界黄金总储备的59%，相当于整个资本主义世界黄金储备的四分之三，这使它登上了资本主义世界盟主的地位。

1944年7月的布雷顿森林会议通过了《国际货币基金组织协定》和《国际复兴开发银行协定》，从此，以美元为中心的国际货币体系——布雷顿森林体系形成了。

布雷顿森林会议不仅确定了未来国际货币的发展方向，同时，也让美元抓住了机会，成为最强话语权的代表。这种霸主地位，给美国带来了巨大的利益，它使美国可以不受限制地向全世界举债。它向其他国家举债，是以美元计值的，它可以让印钞厂毫无节制地加印美元，既能减轻其外债负担，又可以刺激出口，改善其国际收支状况。

此外，由于美国经济实力雄厚，投资环境稳定，在美投资能够带来更多的利润，因此，很多人纷纷前往美国进行投资。而大量流通性美元资金的到来，使其利率下降，弥补财政赤字的成本得到了压缩。在通常情况下，当一个国家的国际收支出现逆差时，一般要进行经济政策的调整，而美国却不必这么做。因为美元是国际货币，当美国出现外贸逆差时，政府可通过印制美钞来弥补赤字，维持国民经济的平衡，而将通货膨胀转嫁到其他国家。这正是战后的美国，虽然经历了数十年的高额财政赤字，却依然能够保持经济状况稳定的主要原因。

另外，美国拥有了巨额的铸币税。铸币税原是中世纪西欧各国对送交铸币厂用以铸造货币的金、银等贵金属所征收的税；后来，指政府发行货币取得的利润，等于铸币币面价值与铸币金属价的差额。在金本位崩溃之后，以纸币为基础的信用本位，取代了金本位。美元代行国际货币职能，给美国带来了巨大的利益。最直接的，就是美元的铸币税带来的巨大利益。铸币税，是一个特殊的经济概念，指的是货币面值与生产货币所用成本之间的差额。美元在国际货币界的垄断地位，是铸币税征收的必要条件。我们知道，印制生产货币的成本极低，100美元纸币的生产成本只有数美分，但它的购买力则为100美元。而世界上绝大多数国家均以美元作为外汇储备，美元强势货币的现实，导致了它巨额的铸币税收入。法国前总统戴高乐就曾怒斥：此乃过分的特权，必须得以改变。当一张毫无价值可言的纸币，被国家印制出来时，币面价值就等于这张纸币所能购买到的社会产品价值，它中间的差额就是美国的"铸币税"。

根据美国国家安全局1994年公布的数据，全世界美钞流通量为3500亿元，三分之一在美国境内流通，三分之二在国外流通。根据纽约联邦储备局的报告，2002年年末，在市面流通的6200亿美元货币中，有大约55%到60%在美国之外地区流通。仅在1989年到1996年间，流到俄罗斯和阿根廷的美钞，就分别达到440亿和350亿美元。而美国印制一张1美元钞票的材料费、人工费，只需0.03美元，却能买到价值1美元的商品，美国由此得到了每年大约250亿美元的巨额铸币税收益,第二次世界大战以来累计收益在两万亿美元左右。

随着日本和西欧经济的复苏和发展,美国的霸权地位不断下降,美元加剧了黄金供求状况的恶化。在20世纪50年代和60年代,美国为发展国内经济,以及对付越南战争造成的国际收支逆差,不断地增加货币发行量,这使美元远远低于金平价,使黄金的官价越来越成为买方愿意支付的价格。

由于越南战争,欧洲产生了一股反美情绪,法国带头把所有的顺差,以黄金的形式进行储备。于是,美国的黄金储备从1948年的7亿盎司,降到1970年的2亿5千万盎司,这进一步增加了美元的超额供应和对黄金的超额需求。加上国际市场中的投机者,抓住固定汇率制的瓦解趋势,推波助澜,大肆借美元对黄金下赌注,导致固定汇率制彻底崩溃。

尽管美国政府为挽救美元,采取了许多应急措施,但都未能奏效。美国经济衰退,资本大量流失,美元在全世界泛滥成灾。最终美国黄金储备面临枯竭的危机,不得不放弃美元金本位,美元失去了其等同黄金的特殊地位。尼克松政府只能宣布实行"新经济政策",停止履行外国政府或中央银行可用美元向美国兑换黄金的义务,美元与黄金挂钩的体制名存实亡。1973年2月,美元进一步贬值,世界各主要货币,由于受投机商冲击被迫实行浮动汇率制度,布雷顿森林体系至此完全崩溃。

布雷顿森林体系的崩溃表明,黄金汇兑本位制,解决不了全球金融稳定的问题,此后形成的单一货币为主导的国际货币体系，难以避免"特里芬的难题"，货币多元化、经济一体化成为现实的选择。欧元区的出现使得国际货币体系走向了多元。人民币的国际化，也是国际货币体系向多元化发展的一个崭新方向。

参考书目

1. 张家骧：《中国货币思想史》（上下册），武汉：湖北人民出版社，2001年

2. 萧清：《中国古代货币史》，北京：人民出版社，1984年

3. 萧清：《中国古代货币思想史》，北京：人民出版社，1987年

4. ［加］戴维·欧瑞尔，［捷］罗曼·克鲁帕提著，朱婧译：《人类货币史》，北京：中信出版社，2017年

5. 钱穆讲述，叶龙记录整理：《中国经济史》，北京：北京联合出版公司，2016年

6. ［日］加藤繁著，吴杰译：《中国经济史考证》，北京：商务印书馆，1959年

7. 李乾亨：《货币小史》，南京：江苏人民出版社，1981年

8. 宋鸿兵：《货币战争（全5册）》，北京：中信出版社，2017年

9. ［英］安德鲁·玛尔著，邢科，汪辉译：《BBC世界史》，

天津：天津人民出版社，2016年

10.［美］斯塔夫里阿诺斯著，吴象婴等译：《全球通史：从史前史到21世纪》，北京：北京大学出版社，2006年

11.高德步，王珏：《世界经济史（第四版）》，北京：中国人民大学出版社，2016年

12.彭兴庭：《不一样的极简货币史》，北京：法律出版社，2018年

13.［美］龙多·卡梅伦，拉里·尼尔著，潘宁等译：《世界经济简史：从旧石器时代到20世纪末（第四版）》，上海：上海译文出版社，2009年

14.［英］托马斯·豪肯赫尔主编，王树良译：《权力的象征：改变世界的10种货币》，北京：中国友谊出版公司，2017年

15.［澳］杰弗里·布莱内著，李鹏程译：《世界简史：从非洲到月球》，上海：上海三联书店，2018年

16.彭信威：《中国货币史》（上下册），北京：中国人民大学出版社，2020年

17.［日］宫崎正胜著，朱悦玮译：《世界史就是一部货币史》，杭州：浙江人民出版社，2020年

18.［黎］赛费迪安·阿莫斯著，李志阔、张昕译：《货币未来：从金本位到区块链》，北京：机械工业出版社，2020年

19.［美］威廉·戈兹曼著，张亚光、熊金武译：《千年金融史：金融如何塑造文明，从5000年前到21世纪》，北京：中信出版集团，2017年

后　记

经过称量，100万元人民币现金——10000张100元面值的纸币——的重量大约是23斤。其中，哪一张纸币更高尚？哪一张更卑微？

钱币就是钱币，它就像一条线，串联起经济、历史、艺术、人文……甚至包括每个人的爱恨情仇。我们不能改变命运，但我们可以改变面对命运的态度。没有人可以凭主观决定自己的财富状况，但至少我们可以选择自己看待金钱和财富的态度。这便是本书的目的所在，让读者可以冷静、安静、平静、真实地认识钱币。

此书的策划、写作、完成的时间，与新冠肺炎疫情的流行大致重合。一种莫名的懒惰、得过且过的心理时不时地出现，感谢邓小松和她红透团队里的小伙伴们：姚瑶、周明烨、金晶、邹若兮、张敦帅、佟艳、李浩、郝静、王星皓、赵博琳。他们身上的活力、坚持、青春和微笑，给了我很大的力量。平日里，他们叫我老师，实际上，他们也是我的老师。谢谢红透文化团队的每个人。也谢谢天地出版社、天喜文化各位老师的认真付出。希望他们，也希望本书的读者拥有一份自由的灵魂和自在的生活，不羡慕、不攀比、不纠缠、不强求，一匹马，一片晚霞，在忙碌之后，快乐地回到自己的家。